W0065699

Mary Ellen
Der fliegende Pfannkuchen

Mary Ellen

Der fliegende Pfannkuchen

*999 praktische und ungewöhnliche Küchentips
für sie und ihn*

Zeichnungen von Josef Blaumeiser

Delphin Verlag

Aus dem Amerikanischen von Maren Feile.

Die Tips in diesem Buch wollen nur mögliche Problemlösungen
vorschlagen. Autor und Verlag können deshalb keinen absoluten Erfolg
garantieren. Beim Umgang mit feuergefährlichen Materialien empfehlen
wir besondere Vorsicht.

© 1980 by Mary Ellen Enterprises.
All rights reserved.
Originaltitel: Mary Ellen's Best of Helpful Kitchen Hints.
Published by Warner Books, Inc.,
New York, N. Y.
© für die deutsche Ausgabe: 1987 Delphin Verlag GmbH, München.
Alle Rechte vorbehalten.
Umschlagzeichnung: Josef Blaumeiser.
Umschlaggestaltung: Christa Manner, München.
Printed in Austria.
ISBN 3.7735.5330.7

Liebe Leser,

jeden Tag stehen Sie in der Küche neuen Problemen gegenüber – und so geht es vielen. Der Kartoffelbrei ist zu dünn geworden, die Plätzchen hängen am Backblech an, Sie öffnen einen Eierkarton und sechs davon sind angeknackst oder der Pfannkuchen ist zum Fenster hinausgeflogen, weil ...

Deshalb habe ich mir gedacht, schreibe ich für Sie wieder die besten Tips auf, die Ihnen über unvorhergesehene Zwischenfälle hinweghelfen können. Es ist ein Buch, wie unser erstes »Geranien & Kaffeesatz«, aber speziell für die Küche gedacht – ein Buch voller Tips, die wirklich nützlich, praktisch und lustig sind.

Viele dieser Tips sind neu, aber viele kommen auch von meinen Lesern, die nach der Lektüre des ersten Buches mir ihre eigenen Vorschläge geschrieben haben. Ich habe sie gelesen, ausprobiert und die besten in dieses Buch aufgenommen.

Wenn Sie die gleiche Einstellung haben wie ich, werden Sie längst bemerkt haben, daß Sie die einfachen Tricks, die Sie in der Küche anwenden, auch auf alle Situationen im weitgespannten Bereich des Haushalts umfunktionieren können. Ich bin sicher, daß Sie in dieser Sammlung genug Brauchbares finden werden, das Ihnen viel Zeit, Geld und Mühe erspart.

Viel Vergnügen

Ihre *MaryEllen*

Inhalt

Das hohe C
der guten Küche

Die besten Tips zum Kochen

Am Anfang

Das griffbereite Rezept

- Ihre Rezeptkarte oder ein ausgeschnittenes Rezept haben Sie stets übersichtlich und sauber zur Hand, wenn Sie es zwischen die Zinken einer Gabel klemmen und diese dann in einen Becher stellen.
- Oder bringen Sie einen Haken (oder Wäscheklammer) innen oder auch außen an die Tür eines Hängeschrankes an und befestigen dort das benötigte Rezept.
- Vielleicht sind Ihre Rezepte auch in einem Karteikasten geordnet? Dann genügt ein eingekerbter, flacher Korken, den Sie auf der Oberseite des Kastens ankleben. Die gewünschte Karte können Sie dann jederzeit aufrecht hineinstecken.

Saubere Rezepte

- Um Kochbücher oder Rezepte während des Kochens vor dem Verschmutzen zu schützen, legen Sie doch einfach den Deckel einer gläsernen Auflaufform darüber. Er wirkt außerdem wie ein Vergrößerungsglas!
- Spritzer auf Rezeptkarten lassen sich schnell wieder abwischen, wenn Sie sie vorher mit Haarspray präpariert,
- oder mit Klarsichtfolie überzogen,
- oder mit farblosem Nagellack bestrichen haben.

Ein Kochbuch up-to-date

- Sie haben jetzt ein noch besseres Rezept gefunden als dasjenige im Kochbuch? Schreiben Sie es auf eine Kartei- oder Briefkarte und kleben es mit Tesafilm über das alte Rezept. So finden Sie es leicht mit Hilfe des alten Inhaltsverzeichnisses wieder.

- Ein Briefumschlag, auf die Innenseite des Kochbuchdeckels geklebt, bietet eine gute Möglichkeit, lose Rezepte oder Zeitungsausschnitte aufzubewahren.

Alles über Suppen

Resteverwertung

- Bevor Ihre restlichen Pilze schlecht werden, pürieren Sie sie im Mixer mit etwas Flüssigkeit (Wasser, Rindfleisch- oder Hühnerbrühe). Frieren Sie die pürierten Pilze im Eiswürfelbehälter ein, und wenn sie hartgefroren sind, füllen Sie sie in Plastikbeutel um. Im Gefrierfach sind sie leicht aufzuheben und portionsweise für Soßen, Suppen oder Eintopf zu verwenden.
- Übriggebliebenen Bratensaft kann man ebenfalls im Eiswürfelbehälter einfrieren. Wenn die Würfel erhärtet sind, in Alufolie wickeln und im Gefrierfach aufbewahren. Auf diese Weise haben Sie jederzeit bei Bedarf Fond für Bratensoße im Haus.

Suppen – weder angebrannt, klumpig noch geronnen

- Gibt es heute Erbsensuppe? Dann legen Sie eine Scheibe Weißbrot mit in den Topf und die Erbsen werden nicht am Boden ansetzen oder anbrennen.
- Damit die Sahne oder Milch, die zum Beispiel Ihre Tomatensuppe verfeinern soll, nicht gerinnt, gießen Sie die Suppe in die Sahne und nicht umgekehrt, wie sonst.
- Oder man rühre etwas Mehl unter die Milch und schlage diese mit einem Schneebesen unter die heiße Suppe.
- Ihre Suppe wird wunderbar glatt, wenn Sie die benötigte Grieß- oder Mehlzutat durch einen Trichter in die heiße Brühe einlaufen lassen.

- Bei Fischsuppe sollte man die eventuell dafür vorgesehenen Muscheln erst kurz vor dem Anrichten hineingeben, da sie leicht breiig werden und den Geschmack verlieren.

Rund um den Knochen
- Fleischbrühe erhält eine schöne dunkelbraune Farbe, wenn man die Knochen vorher gut anbrät.
- Knochen für Brühe immer in kaltem, leicht gesalzenem Wasser aufsetzen.

- Vorher ausgelöste Knochen von Koteletts, Braten oder Huhn nicht wegwerfen. Entweder gleich für eine Suppe auskochen oder einfrieren und später für Brühe oder Eintopf verwenden.
- Die in den Knochen enthaltene Gelatine dickt die Bratensoße oder Fleischbrühe an. Die meiste Gelierkraft haben Kalbsknochen.

14

Und alles wird ganz klar

- Wenn Sie zwei oder drei Eierschalen in die Knochenbrühe geben und etwa 10 Minuten darin kochen lassen, wird die Brühe klar.
- Oder geben Sie, je nach Menge, 1 bis 2 Eßlöffel Tomatenmark dazu.
- Oder gießen Sie die fertig gekochte Brühe durch einen Kaffeefilter oder ein feines Sieb.

Fett abschöpfen

- Wenn es nicht eilt, die Brühe kaltstellen und dann das erhärtete Fett von der Oberfläche abnehmen.
- Als Sofortmaßnahme ist zu empfehlen: Salatblätter in den Topf geben und gleich wieder herausnehmen, sobald das Fett daranhängt.
- Eiswürfel erfüllen den gleichen Zweck, nur muß man bei dieser Methode sehr schnell sein.
- Bei sehr fetthaltiger, gebundener Soße ein bißchen Natron hinzufügen.

Vom Salat

Salat – frisch auf den Tisch

- Salat oder Sellerie wird schnell wieder frisch, wenn man ihn in eine Schüssel mit kaltem Wasser legt, in die man einige Scheiben rohe Kartoffeln gegeben hat.
- Zubereitete Salatblätter, d.h. auch gemischten Salat mit Tomaten, Gurken etc., sollte man getrennt von der Marinade servieren. Erstens macht das Mischen am Tisch mehr Spaß, weil Menge und Maß selbst gewählt werden können, und zweitens läßt sich beides getrennt voneinander leichter aufbewahren, wenn nicht die ganze Menge verzehrt wurde. Bei schon fertig angerichtetem Salat ist das nicht gut möglich.

- Damit die Salate gut abtropfen können, lege man eine umgestürzte Untertasse auf den Boden der Salatschüssel. Die Flüssigkeit kann dadurch gut ablaufen, und der Salat bleibt frisch und knackig.
- Salat erst kurz vor dem Anrichten salzen, da er sonst welkt und seine Zartheit verliert.

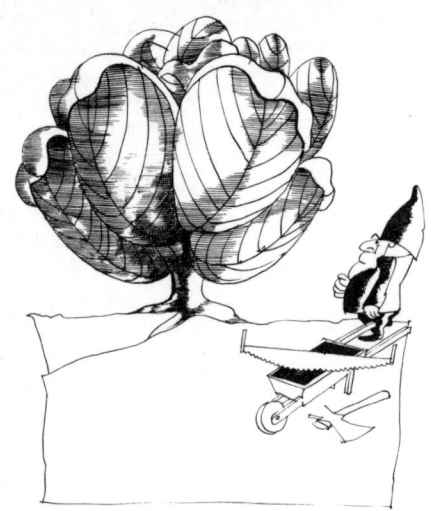

Fertige Salatsoße
- Wenn Sie es eilig haben und eine abgepackte Salatsoße verwenden, dann fügen Sie zu dem Fertigprodukt einen Eßlöffel heißen Wassers hinzu. Die Würzkraft wird dadurch wesentlich gesteigert.
- Cremige Marinaden bekommt man, wenn Öl tropfenweise zu den übrigen Zutaten mit dem Schneebesen untergeschlagen wird.

16

Salat aufbewahren

- Kopfsalat bzw. alle Blattsalate halten länger frisch, wenn sie in ein Küchenpapier eingewickelt werden und in einer Plastikdose oder -beutel im Gemüsefach aufbewahrt werden.
- Legen Sie den Boden Ihres Gemüsefaches im Kühlschrank mit Papier-Küchentüchern aus, um auftretende Feuchtigkeit aufzusaugen.
- Oder nehmen Sie Schwammtücher.

Probieren Sie's mal!

- Reiben Sie die Salatschüssel mit einer aufgeschnittenen Knoblauchzehe aus, bevor Sie die übrigen Salatzutaten hineingeben. Ein Hauch von Knoblauch ist delikat!
- Halten Sie sich immer einige Päckchen Roquefort oder andere blaue Edelpilzkäse im Gefrierfach bereit. Sie lassen sich im gefrorenen Zustand leicht mit einem Messer abschaben und als besondere Beigabe zu Salaten bei festlichen Anlässen servieren.
- Reiben Sie Ihre Salatschüssel aus Holz hin und wieder mit einem Walnußkern aus. Er frischt die Farbe auf, außerdem verschwinden die Kratzer.

Kresse

- Schneiden Sie Kresse am besten mit der Schere ab. Sie haben so Ihre Ernte besser im Griff.

Radieschen

- Kaufen Sie möglichst kleine Radieschen. Zum Garnieren sind sie praktischer, außerdem sind sie selten holzig.

Gemüse

Artischocken

- Artischocken kochen Sie besser in Emailletöpfen, denn Aluminium oder Eisentöpfe verfärben sich.
- Stellen Sie Artischocken ca. eine Stunde vor dem Kochen aufrecht in kaltes Wasser und gießen Sie einen Eßlöffel Essig dazu, dann verfärben sie sich nicht.
- Die ungewaschenen Artischocken wickelt man in ein feuchtes Tuch und bewahrt sie in einer Plastiktüte im Kühlschrank auf. 4–5 Tage bleiben sie auf diese Weise frisch.

Auberginen

- Um den Auberginen ihren bitteren Geschmack zu nehmen, kann man sie vor dem Zubereiten kurz in Salzwasser legen.
- Vor dem Dünsten kalt abwaschen und gut abtrocknen.
- Eine gute Faustregel: Wenn die Auberginen binnen kurzer Zeit fertig gedünstet sein sollen, schäle man sie vorher. Andernfalls, wenn es nicht eilt, ist Schälen nicht nötig.

Bohnen (weiße)

- Bohnenkerne am Vortag gut waschen und mit Wasser bedeckt einweichen. Die Kochzeit wird dadurch wesentlich verkürzt.
- Im Einweichwasser aufsetzen und langsam zum Kochen bringen. Erst kurz vor dem Anrichten salzen.

Blumenkohl

- Damit Blumenkohl schön weiß bleibt, etwas Milch zum Kochwasser geben.

- Mit ein paar Walnüssen im Topf kocht man Blumenkohl ohne den lästigen Geruch. Dasselbe empfiehlt sich auch für andere Kohlsorten.

Broccoli

- Ein oder zwei Scheiben altes Brot mitkochen, das nimmt Broccoli, sowie auch allen anderen Kohlarten, den typischen Kohlgeruch. Vergessen Sie dann aber nicht, die Brotreste nach dem Kochen herauszunehmen.
- Die Strünke werden zur gleichen Zeit gar wie die Blumen, wenn man sie an der Schnittkante kreuzweise »X« einschneidet.

Erbsen

- Frische Erbsen schmecken besser, wenn sie in der Schote gekocht werden. Außerdem erspart man sich damit viel Arbeit,
- denn beim Kochen lösen sich die Erbsen selbst heraus, und die Schoten schwimmen oben.

Karotten

- Frische Karotten nie mit dem Kraut aufbewahren. Es entzieht der Wurzel die Feuchtigkeit und läßt sie schneller welk werden.
- Will man die Karotten zum Kochen verwenden und möchte sich das Putzen erleichtern, lege man sie 5 Minuten lang in kochendes, danach gleich in eiskaltes Wasser. Durch die Temperaturspannung löst sich die Haut von selbst ab.
- Oder reiben Sie die Karotten mit einem sauberen Perlon-Kratzschwamm ab.

19

Kartoffeln

Kartoffeln im Ofen gebacken (baked potatoes)

- Pinseln Sie die ungeschälten, gut gewaschenen Kartoffeln vorher mit Butter ein, oder reiben Sie sie mit einer Speckschwarte ab. Dann platzen sie nicht so leicht und schmecken außerdem noch besser.
- Übriggebliebene baked potatoes kann man wieder aufwärmen! Tauchen Sie sie erst in heißes Wasser und backen Sie sie 20 Min. lang im Backofen bei ca. 200°.
- Haben Sie es eilig? Dann kochen Sie die Kartoffeln 10 Minuten in Salzwasser vor, ehe Sie sie in den sehr heißen Backofen schieben.
- Oder schneiden Sie von jeder Seite der Kartoffel eine dünne Scheibe ab, bevor Sie sie in den Backofen schieben. Die Kartoffeln werden so viel schneller gar.
- Die Garzeit verkürzt sich um die Hälfte, wenn Sie die Kartoffeln auf den Rost legen und eine Gußeisenpfanne darüberstülpen.
- Oder man steckt einen großen rostfreien und sauberen Nagel in die Kartoffel, dann gewinnt man auch 15 Minuten Backzeit. (Diese Nägel gibt es auch speziell in Haushaltsgeschäften zu kaufen.)

Pommes frites

- Die besten Pommes frites erhält man, wenn man die geschnittenen Kartoffeln vorfritiert. Aus dem Fett heben, gut abtropfen lassen und erst beim zweiten Mal goldbraun fritieren. Dieses »zweite Mal« kann auch erst am Abend sein, wenn Gäste kommen.

Kartoffelbrei

- Ein sehr steif geschlagenes Eiweiß leicht unter den Kartoffelbrei gehoben, verbessert sowohl sein Aussehen als auch den Geschmack.
- Zu lang gekochte Kartoffeln werden beim Hinzufügen von Milch zu breiig. Streuen Sie in diesem Fall Trocken-

20

milchpulver oder fertigen Kartoffelbrei aus der Tüte darüber, und Sie bekommen einen wunderbar lockeren Kartoffelbrei.

- Zwei Eßlöffel geriebenen Käse unter den Kartoffelbrei gerührt, macht dieses Gericht besonders delikat.
- Aus übriggebliebenem Kartoffelbrei formt man kleine Bällchen, wälzt sie in Semmelbröseln oder geriebenen Haselnüssen und brät sie goldgelb als »Kroketten« heraus.

Kartoffelpuffer

- Die roh geriebenen Kartoffeln verfärben sich nicht so leicht, wenn man sie in etwas saure Milch hineinreibt.
- Kartoffelpuffer aus der Tüte verbessert man mit einer frisch geriebenen Kartoffel und einer Zwiebel. Das ist sehr viel müheloser und schmeckt doch wie »selbstgemacht«.
- Kartoffelpuffer sind leichter verdaulich, wenn dem Teig ein wenig Backpulver beigefügt wird.

Aus welk mach frisch

- Rohe, zusammengeschrumpelte Kartoffeln werden wieder frisch, wenn man sie kurz in Eiswasser legt.

Kohl

- Unangenehme Kochdünste vermeiden Sie, wenn Sie dem Kochwasser einen Schuß Essig zufügen.

Maiskolben

- Mais schmeckt viel besser, wenn man die zarten grünen Blätter des Kolbens abnimmt und damit den Topf auslegt, in dem Sie die Kolben kochen wollen.
- Die Fäden der Maiskolben entfernt man am einfachsten, indem man eine Zahnbürste anfeuchtet und damit den Kolben abwärts abbürstet. So gehen alle Fäden weg.

- Das einfachste Hilfsmittel, die Körner vom Kolben abzulösen, ist ein einfacher Schuhlöffel.
- Butter können Sie sparen, wenn Sie die zerlassene Butter mit einem Kuchenpinsel auf die Kolben streichen.
- Bei Picknicks ersetzt eine Selleriestange den vergessenen Kuchenpinsel.

Pilze

Pilze niemals zum Waschen ins Wasser legen, weil sie sonst zuviel Wasser aufsaugen. Nur wenn nötig, kurz unter fließendem Wasser reinigen.

- Achten Sie darauf, daß Ihre Champignons immer frisch sind. Kaufen Sie am besten nur solche mit geschlossenem Hut.
- Champignons bleiben weiß und fest, wenn man sie mit einem Teelöffel Zitronensaft beträufelt und dann in Butter gart.
- Frische Champignons lassen sich schnell und gleichmäßig mit einem Eierschneider in »Blätter« zerteilen.

Reis
- Schneeweißen Reis bekommen Sie, wenn Sie einige Tropfen Zitronensaft ins Kochwasser geben.

Rotkohl (Blaukraut)
- Rotkohl behält beim Kochen seine Farbe, wenn Sie einen Eßlöffel Essig dazugießen.
- Oder kochen Sie einige Stückchen saurer Äpfel mit.

Spargel
- Spargel schälen ist eine Kunst. Aber wenn Sie sich an die Faustregel halten: dünn am Kopf und dick am Schnittende schälen, dann kann nichts schiefgehen. Zuletzt noch das holzige Stielende abschneiden.
- Eine Prise Zucker und ein Stückchen Butter dem Spargelkochwasser zugegeben, verfeinert den Geschmack.
- Spargeldosen sollte man unten öffnen, damit die Spitzen nicht abbrechen.

Rote Rüben (Rote Beete)
- Rüben im ganzen kochen, damit die Farbe erhalten bleibt.
- Oder einen Schuß Essig ins Kochwasser geben, wenn man sie schon geschnitten – für Salat – kochen will.

- Der Saft roh geriebener roter Rüben ergibt einen hervorragenden Farbstoff zum Einfärben von Zuckerguß (z.B. für Weihnachtsgebäck oder Geburtstagskuchen).

Sellerie
- Sellerie nimmt Kohlgerichten den »Kohlgeruch«. Ein oder zwei Stückchen bei Broccoli, Weißkraut oder Sauerkraut mitkochen lassen.
- Selleriegrün nicht wegwerfen! Trocknen und zerreiben und zum Würzen von Suppen, Salatsoße oder Eintopfgerichten verwenden.

Süßkartoffeln (Batate)
- Um sich das Schälen der Süßkartoffeln zu erleichtern, schrecken Sie sie sofort nach dem Kochen mit kaltem Wasser ab. Die Schale fällt dann von selbst ab.

Tomaten
- Tomaten lassen sich leicht schälen, wenn Sie die Früchte in kochendes Wasser tauchen oder mit kochendem Wasser überbrühen.
- Sie müssen sehr viele Tomaten schälen? Legen Sie sie in ein Netz oder in einen alten Kopfkissenbezug und tauchen es kurz in kochendes Wasser. Die Schalen platzen und können ganz leicht abgezogen werden.
- Legen Sie die Tomaten vor dem Schneiden kurz ins Gefrierfach. Sie lassen sich so besser schneiden.
- Kochen Sie doch die Tomaten mal mit einer Prise Zukker. Der Geschmack verfeinert sich, Sie werden es bemerken!
- Ganze Tomaten, die zum Dünsten vorgesehen sind, fallen nicht so leicht auseinander, wenn sie vorher vertikal eingeritzt wurden.

Zwiebeln

- Zwiebeln lassen sich gut im ganzen dünsten – ohne auseinanderzufallen – wenn man am Ansatz ein etwa 5 mm tiefes Kreuz einschneidet.
- Halbierte Zwiebeln kann man ganz gut aufbewahren, wenn man die Schnittflächen mit Butter einreibt.
- Um den Zwiebeln die Schärfe zu nehmen, schneide man sie in Ringe auf und lege sie für kurze Zeit in kaltes Wasser. (Milde Zwiebeln sind besonders für Salate zu empfehlen.)
- Weiße, kleine Zwiebeln schält man am einfachsten, wenn man sie zuvor 2 Minuten lang in kochendes Wasser legt.

Weniger Tränen beim Zwiebelschneiden:

- Schneiden Sie das untere Ende der Zwiebel zuletzt auf!
- Oder legen Sie die Zwiebel vor dem Schneiden einige Zeit in den Kühlschrank.
- Oder schälen Sie sie unter fließendem, kaltem Wasser.
- Oder atmen Sie durch den Mund – so, als hätten Sie Ihre Nase mit einer Wäscheklammer zugemacht.

Zwei Fliegen mit einer Klappe

- Sie sparen Zeit, Energie und den Abwasch! Wickeln Sie zwei oder auch mehrere Gemüse separat in Alufolie und kochen Sie sie zusammen im Wasserbad! Ein Tip zum Ausprobieren, finden Sie nicht?

Keine Insekten im Gemüse oder Salat

- Alle Kohlsorten aber auch Blattsalate und anderes »unübersichtliche« Gemüse lege man kurz in kaltes Salz- oder Essigwasser. Alle versteckten Insekten oder Würmer werden herauskommen.

Gefrorenes Gemüse auftauen

- Gefriergemüse verleiht man seinen frischen Geschmack wieder, wenn man es mit kochendem Wasser übergießt und damit alle Spuren des Gefrierwassers wegspült.

Kein Überkochen mehr

- Mit Hilfe eines Zahnstochers, der zwischen Deckel und Topf geklemmt wird, entweicht genügend Dampf, um das lästige Überkochen zu vermeiden.

Eier

Frischetest

- Frische Eier sehen rauh und kalkig aus, nicht frische dagegen glatt und glänzend (zum Backen oder Kochen verwenden).
- Noch ein Frischetest: Das Ei in kaltes Salzwasser legen. Sinkt es auf den Grund, ist es frisch; schwimmt es auf der Oberfläche, wirft man es lieber weg.

Hartgekochte Eier

- Wollen Sie harte Eier auf Vorrat kochen? Dann färben Sie sie, indem Sie Zwiebelschalen mitkochen lassen. Es gibt dann keine Verwechslung mit den rohen Eiern im Kühlschrank.
- Man kann auch Lebensmittelfarbe dafür nehmen.
- Oder bemalen Sie die hartgekochten Eier mit Blei- oder Buntstift (keine Filzschreiber!).
- Um festzustellen, ob ein Ei roh oder gekocht ist, läßt man es rasch auf der Tischfläche kreisen. Wenn es sich ruhig um die eigene Achse dreht, ist es gekocht, wakkelt es und kreist schlecht, dann ist es noch roh.

Rund um das Eigelb

- Drehen Sie die Eier beim Kochen hin und wieder um, damit das Eigelb in der Mitte erstarrt. Eine Hilfe, wenn man gefüllte oder russische Eier machen möchte.
- Ihre Hand ist ein guter Filter, um Eigelb vom Eiweiß zu trennen. Der Dotter wird im Handteller zurückbleiben, während das Eiweiß durch die Finger in ein Gefäß laufen kann.
- Wenn Sie nur das hartgekochte Eigelb haben möchten, trennen Sie die Eier und lassen die Eidotter vorsichtig in kochendes Wasser gleiten. 10 Minuten kochen lassen. Diese Eidotter lassen sich vorzüglich als Soßengrundlage und für feinen Mürbeteig verwenden.
- Eigelb krümelt nicht beim Aufschneiden hartgekochter Eier, wenn Sie das Messer vorher kalt abspülen.
- Eigelb verfeinert viele Gerichte, aber es sollte nie unvorbereitet in heiße Speisen gerührt werden, weil es sonst sofort gerinnt. Verrühren Sie einige Eßlöffel der heißen Flüssigkeit mit dem Eigelb in einer Tasse, nehmen Sie den Topf vom Herd und rühren nun das Ganze unter das fertige Gericht.

Angeknackste Eier

- Diese Eier fallen Ihnen nicht aus der Hand, wenn Sie sie mit angefeuchteten Fingern aus der Schachtel nehmen.
- Wenn Eier in der Schachtel kleben, einfach die Schachtel naß machen, und die Eier lassen sich leicht herausnehmen, ohne kaputt zu gehen.
- Tesafilm verschließt Risse in Eiern, so daß man sie unbesorgt noch einige Tage aufheben kann.
- Angeknackste Eier lassen sich ohne weiteres kochen,

wenn man sie fest in Alufolie wickelt, deren Enden man gut zusammendreht. Ins Kochwasser etwas Essig geben.

- Eier platzen nicht beim Kochen, wenn man oben und unten ein kleines Loch einsticht.
- Hartgekochte Eier lassen sich leicht schälen, wenn man das Kochwasser abgießt, den Deckel auflegt und den Topf kräftig hin und herschüttelt. Mit kaltem Wasser abschrecken und schälen.

Eiweiß wie gewünscht

- Eiweiß vor dem Schlagen auf Zimmertemperatur bringen. Während des Schlagens nach und nach einen kleinen Eßlöffel kalten Wassers pro Eiweiß hinzufügen, dann wird die Masse größer.
- Eiweiß läßt sich schlecht schlagen, wenn auch nur geringe Spuren von Eigelb in der Masse sind. Mit Wattestäbchen oder feuchtem Baumwolltuch entfernen. Außerdem achte man darauf, daß am Schneebesen kein Fett haftet.
- Verlorene Eier laufen nicht auseinander, wenn man dem Kochwasser etwas Essig beigegeben hat.

Köstliche Omelettes

- Backen Sie die Omelettes am besten in einer kunststoffbeschichteten Pfanne. Sie kleben nicht an, außerdem brauchen Sie nicht so viel Fett zum Ausbacken.
- Omelettes werden zarter, wenn der Teig mit Wasser statt mit Milch angerührt wird.

Eiergeschichten

- Die großen, teuren Eier sollten Sie sich für das Frühstück aufheben. Zum Kochen und für Salate können Sie getrost die kleineren, preiswerten Eier verwenden.

28

- Wenn verlorene Eier nicht sofort serviert werden können, heben Sie sie in kaltem Wasser auf. Zu gegebener Zeit wieder in heißem Salzwasser erhitzen.
- Rührei, das Ihnen auf der Zunge zergehen wird. Die gut verquirlten und gewürzten Eier in einer kalten, gebutterten Pfanne langsam erhitzen.
- Kurz vor dem Anrichten einen Eßlöffel Sahne oder Kondensmilch pro Portion untermischen. Dadurch behält das Rührei seinen seidigen Glanz und die angenehme Konsistenz.
- Rührei kann man mit einer weißen Soße verlängern, wenn viele hungrige Mäuler zu stopfen sind.

29

Mit Käse, bitte!

Immer frischer Käse

- Käse trocknet nicht aus, wenn die Schnittfläche mit Butter eingestrichen wird.
- Oder wenn man ihn in Alufolie wickelt.
- Legen Sie hartgewordenen Schnittkäse in Buttermilch. Er schmeckt dann wieder ganz frisch.
- Geschmack und Frische bleiben erhalten, wenn Käse in einem Tuch eingewickelt wird, das zuvor in Weinessig getaucht wurde.
- Käse schimmelt nicht, wenn man ihn mit einigen Stückchen Würfelzucker in einem fest verschlossenen Behälter kühl aufbewahrt.

Reibetips

- Das Reibeisen bekommt man leichter wieder sauber, wenn es vorher mit Öl eingepinselt wurde.
- Weiche Käsesorten lassen sich schlecht reiben. Passieren Sie sie durch ein Sieb.
- Auch ein Kartoffelschäler ist eine gute Käse-»Reibe«! Vor allem dann, wenn Sie Salate oder andere Gerichte garnieren wollen.

Käse richtig geschnitten

- Ein stumpfes Messer schneidet Käse besser als ein scharfes.
- Ein angewärmtes Messer schneidet Käse wie Butter!

Neue Tricks
für Fleischgerichte

Schinkenspeck

- Speckscheiben kleben nicht zusammen, wenn man die ganze Packung aufrollt und mit einem Gummiband zusammenhält, bevor sie in den Kühlschrank gelegt wird.
- Schinkenspeck wellt sich weniger beim Braten, wenn man ihn vorher einige Minuten ins kalte Wasser legt.
- Speckscheiben schrumpfen beim Braten nicht so stark, wenn sie ganz langsam erhitzt und mit einer Gabel an mehreren Stellen eingestochen werden.
- Will man dagegen Speckröllchen herstellen, brate man die Scheiben nur kurz an, wickle sie um eine Gabel und stecke sie mit einem Zahnstocher zusammen. Von der Gabel herunternehmen und bei guter Hitze knusprig braun braten.
- Speck läßt sich leichter in Scheiben schneiden, wenn er vorher kurz in das Gefrierfach gelegt wird.

Bratwürste und Frikadellen

- Würste lassen sich beim Braten wesentlich leichter wenden, wenn mehrere zusammen auf Fleischspieße gesteckt wurden.

- Bratwürste platzen und schrumpfen nicht beim Braten, wenn sie vorher mit kochendem Wasser überbrüht wurden. Gut abtrocknen!
- Oder man wendet sie vor dem Braten leicht in Mehl.
- Oder Sie stechen die Würste mit einer Gabel ein.
- Frikadellen, beidseitig in Mehl, Grieß oder Semmelbrösel gewendet, bekommen beim Braten eine appetitliche, knusprige Kruste. Außerdem fallen sie nicht so leicht auseinander.
- Ein Teelöffel Quark in die Mitte jeder Frikadelle gegeben, macht das Gericht besonders saftig und bringt zudem noch eine hervorragende Geschmacksnote hinein.

Neues vom Hackbraten

- Sie behalten saubere Hände, wenn Sie alle Zutaten für den Hackbraten in eine durchsichtige, saubere und geräumige Plastiktüte füllen, fest durchkneten, einen Laib formen und ihn aus der Hülle gleich auf das Blech gleiten lassen.
- Bestreichen Sie den Hackbraten vor dem Backen mit kaltem Wasser, dann bekommt er keine Risse und wird außen schön knusprig.
- »Verlängern« Sie Ihren Hackbraten mit Kartoffelpüree aus der Tüte, mit Grieß oder zarten Haferflocken, wenn keine alten Semmeln zur Hand sind.
- Kennen Sie schon »Hackbraten im Schlafrock«? Streichen Sie eine Schicht Kartoffelbrei etwa 15 Minuten bevor der Braten fertig sein wird darüber. Das Ganze mit Butter bestreichen, und den Braten noch einmal in den Backofen schieben, bis er schön goldbraun geworden ist.
- Hackbraten setzt nicht an, wenn man ihn auf Speckscheiben legt.

Schinken

- Gekochter Schinken bleibt besonders zart und saftig, wenn Sie ihn im Kochwasser auskühlen lassen.
- Schinken, auf amerikanische Art: In Alufolie einwickeln und in Cola braten. Eine halbe Stunde vor Ende der Garzeit die Folie entfernen, damit sich der Fleischsaft mit der Cola zusammen zu einer würzigen braunen Sauce binden kann.
- Ist der Schinken zu stark gesalzen, dann legen Sie ihn vor dem Braten einige Stunden in kaltes Wasser.

Verzaubertes Lamm

- Bestreichen Sie Weißbrotscheiben mit Knoblauchbutter und befestigen Sie sie mit Zahnstochern so auf dem Fleisch, daß die Butterseite aufs Fleisch kommt. Dann mit Wasser besprengen und braten. Auf diese Weise wird das Fleisch pikant gewürzt und das Brot ist eine wohlschmeckende Beigabe.
- Oder man übergieße Lammbraten mit einer Tasse heißen Kaffees mit Sahne und Zucker.

Leber delikat

- Leber wird besonders zart, wenn sie vor dem Braten in Milch gelegt wird. Gut abtrocknen, in Mehl wenden und dann in wenig Fett braten.
- Oder legen Sie die Leber 2 – 3 Stunden in Tomatensaft.
- Leber niemals vor dem Braten salzen, auch nicht in einer Soße kochen lassen, da sie sonst hart wird.

Schnitzel

- Wenn Sie Ihre Schnitzel panieren wollen, dann vergessen Sie nicht, sie vor dem Braten abzuschütteln. Lockere Brösel bräunen zu rasch in der Pfanne und schmecken dann bitter.

33

Zähes Fleisch
- Zähes Fleisch – das merkt man schon beim Schneiden – wird zarter, wenn es 2 Stunden vor dem Braten oder Dünsten rundherum mit Essig und Öl eingerieben wird.

Keine Fettspritzer
- Heißes Fett spritzt nicht, wenn Sie vor dem Braten etwas Salz oder Mehl in die Pfanne streuen.

Braten und Steaks
- Eine flache Bratpfanne eignet sich zum Braten im Backofen besser als eine mit zu hohem Rand, weil die Hitze auf diese Weise leichter an alle Seiten des Bratens herankommt.
- Möchten Sie wissen, wann das Fett zum Braten die richtige Temperatur hat? Halten Sie einen trocknen Holzlöffelstiel hinein, und wenn rundherum viele kleine Bläschen aufschäumen, ist es heiß genug!
- Stellen Sie sich einen »Bratrost« für Ihren Sonntagsbraten selber aus Karotten und Selleriestücken her. Der Bratensaft bekommt durch das Gemüse einen besonders würzigen Geschmack.
- Gießen Sie etwas Wasser auf ein Backblech und schieben es unter die Bratreine, in der der Braten oder das Geflügel zum Garen liegen. Der Braten wird dann zugleich saftig und knusprig.
- Braten läßt sich leichter schneiden, wenn er erst 10 bis 15 Minuten nach dem Herausnehmen aus dem Backofen angeschnitten wird.

Perfekte Soßen
- Zum Andicken von Soßen oder Suppen, rühre man Mehl oder Stärke mit etwas Wasser in einem Mixbe-

cher oder Schraubglas an, gebe etwas Flüssigkeit aus dem Topf dazu, schließe den Deckel und schüttle kräftig. Nach und nach unter ständigem Rühren diese Masse in den Topf geben und aufkochen lassen.

- Aus hell mach dunkel! Eine einfache Methode, Soßen zu färben: Gießen Sie starken, schwarzen Kaffee zu der hellen Soße. Der Geschmack ändert sich dadurch nicht.
- Um fettarme Soßen herstellen zu können, gießen Sie den Bratensaft in ein hohes Glas. Binnen kurzem steigt das Fett nach oben und kann abgeschöpft werden. Aus dem Rest die Soße zaubern.
- Soße mit Klümpchen entweder im Mixer glätten oder durch ein feines Sieb streichen.

Das liebe Federvieh

Frische Hähnchen
- Kaufen Sie montags kein frisches Geflügel, denn es ist bestimmt noch vom Wochenende übriggeblieben.
- Frische Hähnchen sollten nicht länger als 3 Tage aufbewahrt werden.

Richtige Zubereitung
- Gefrorenes Geflügel zum Auftauen immer aus der Plastikfolie herausnehmen.
- Der Braten wird besonders würzig, wenn Sie das Huhn vor dem Braten mit einer halben Zitrone beträufeln und dann erst salzen.
- Wenn Sie gewohnt sind, das Huhn vor dem Braten einzumehlen, dann sollten Sie es eine Stunde vorher kaltstellen. Das Mehl bleibt dann besser haften.

- Hühnerbrust und -keulen bleiben beim Braten besonders zart, wenn sie vorher ca. 3 Stunden in Milch oder Buttermilch eingelegt waren.
- Eine besonders leichte und zarte Kruste bekommt man bei panierten Geflügelstücken, wenn man der Panade eine Prise Backpulver zufügt.

Backen in schwimmendem Fett

- Verwenden Sie möglichst das Fett zum Ausbacken nur einmal. Die starke Hitze verändert das Fett so, daß es für den menschlichen Organismus belastend, wenn nicht gar ungesund ist.
- Geben Sie einen Eßlöffel Essig in das Ausbackfett, denn dadurch nimmt das Backgut weniger Fett an und schmeckt nicht so fettig.

Alles über Truthahn (Puter)

- Es ist vorteilhaft lieber zwei kleinere Tiere als ein großes zu kaufen. Sie sind in der halben Zeit gar, und man hat doppelt soviel Keulen, bzw. andere gute Stücke.

- Mit einem Baumwollfaden lassen sich alle Geflügel-arten gut binden, bzw. nähen, nachdem sie gefüllt sind.
- Oder, wenn Sie den Vogel nicht zunähen wollen, ver-schließen Sie das gefüllte Innere mit zwei eingeweich-ten Weißbrotscheiben.
- Auch ohne Füllung wird das Fleisch zart und saftig, wenn Sie eine Tasse Wasser und 1/4 Tasse Ananassaft in das Innere des Truthahns gießen.
- Legen Sie den Truthahn stets mit der Brustseite nach unten auf den Bratrost, damit das weiße Brustfleisch nicht trocken wird. Erst eine Stunde vor Beendigung der Garzeit umdrehen.

Gänse und Enten
- Vor dem Zubereiten möglichst alles sichtbare Fett ent-fernen und als Gänseschmalz mit Zwiebeln und Äp-feln auslassen.
- Gänse und Enten werden besonders knusprig, wenn Sie den Braten etwa 20 Minuten vor Ende der Garzeit mit Bier oder einer starken Salzlösung einpinseln.
- Zum Fertigbräunen die Backofentür ein wenig offen lassen, damit die feuchten Dämpfe abziehen können. Am besten einen Kochlöffel in die Tür klemmen.

Wild
- Fleisch von jungem Wild braucht nicht gebeizt wer-den. Es reicht, wenn Sie den Braten in ein mit Essig ge-tränktes Tuch wickeln und über Nacht in den Kühl-schrank legen.
- Braten von älteren Wildtieren sollten Sie in eine Beize aus Rotwein oder Buttermilch legen. Danach geht das Abhäuten viel besser.

Fischgerichte

Zur Vorbereitung

- Fisch ist dann frisch, wenn die Augen klar und glänzend sind und leicht vorstehen. Er ist nicht mehr frisch, wenn sie trüb, rosa und eingefallen sind.
- Prüfen Sie, ob die Schuppen glänzen und eng an die Fischhaut anliegen.
- Untersuchen Sie die Kiemen: sie sollen rot oder rosa, niemals aber grau sein.
- Reiben Sie den Fisch vor dem Schuppen mit Essig ein. Die Schuppen lösen sich dann ohne Schwierigkeiten.
- Salzen Sie Ihr Arbeitsbrett ein, bevor der Fisch ausgenommen und zubereitet wird. Er rutscht dann nicht so leicht herunter.
- Damit sich die Gräten nach dem Garen des Fisches leichter entfernen lassen, reibe man den Rücken vor dem Dünsten mit zerlassener Butter ein.
- Fische nach dem Säubern mit Zitronensaft beträufeln, erst dann salzen.

Und noch einige Fisch-Tips

- Wenn Sie Fisch dünsten wollen, dann geben Sie dem gewürzten Sud noch einen Schuß Zitronensaft dazu, damit das Fleisch weiß bleibt.
- Brät man Fisch auf einem »Bett« von gehackten Zwiebeln, Sellerie und Petersilie, so verbessert man erstens den Geschmack und zweitens verhindert man das Ankleben an der Pfanne.
- Wenn sich die Rückenflosse leicht herausziehen läßt, ist ein im ganzen gegarter Fisch sicher fertig.
- Gefrorenen Fisch sollte man in Milch auftauen! Milch zieht den Gefriergeschmack heraus, und der Fisch schmeckt besser.

Geruchsfresser
- Hände verlieren den Fischgeruch, wenn man sie mit Essig oder Salz abreibt.
- Fischgeruch beim Kochen wird von etwas Essig im Sud gemildert. Etwas Sesamöl tut's auch.
- Um die Bratpfanne von Fischgeruch zu befreien, streue man reichlich Salz in die Pfanne, gieße heißes Wasser darüber und lasse die Pfanne einige Zeit stehen.

Krabben
- Sollte man in der glücklichen Lage sein, Krabben selber zu fischen, dann sollte man auch wissen, daß sie nur in heißem Salzwasser ziehen, aber niemals kochen sollten, weil sie sonst ledrig werden.
- Den Dosengeschmack von konservierten Krabben verbannt man mit etwas Sherry und 2 Eßlöffel Essig. Etwa 15 Minuten darin ziehen lassen.

Offene und geschlossene Austern

- Wenn man Austern 5 Minuten lang in Selterswasser legt, lassen sie sich leichter aus den Schalen lösen.
- Muscheln und Austern sind leicht zu öffnen, wenn man sie zuerst mit kaltem Wasser wäscht und in einer Plastiktüte eine halbe Stunde im Kühlschrank aufbewahrt.
- Oder man gibt sie in kochendes Wasser und läßt sie darin ein paar Minuten ziehen. Das läßt die Muskeln erschlaffen und man kann die Schalen leicht mit einem Messer öffnen.

Über den Umgang mit Nudeln und Pizza

Kein Überkochen mehr

- Legen Sie einen großen Kochlöffel zwischen Topf und Deckel, um das Überkochen zu vermeiden.
- Etwas Butter oder Öl ins Wasser geben. Nudeln, Spaghetti oder Reis werden weder überkochen noch aneinanderkleben.
- Oder fetten Sie den Topfrand ein.

Perfekt gekochte Nudeln oder Spaghetti

- Salzwasser mit etwas Butter oder Öl (siehe oben) zum Kochen bringen, Spaghetti unter Rühren hineingeben, Deckel drauf und die Kochplatte ausschalten. Ca. 15 Min. ziehen lassen, bis die Spaghetti gar sind.
- Spaghetti abgießen und unter heißem, nicht kaltem Wasserstrahl abschrecken, ehe man sie zum Abtropfen in ein Sieb gibt.
- Wenn Sie dem Kochwasser etwas Öl oder Butter zugegeben haben, brauchen Sie die fertig gekochten Spa-

ghetti nicht abschrecken. Das Fett verhindert, daß sie zusammenkleben.

- Falls die Nudeln für ein Gericht wie Lasagne benötigt werden, das noch einen weiteren Kochgang erforderlich macht, nur 5 Minuten vorkochen.
- Eine kleine Menge Spaghetti läßt sich in einem Sieb unter laufendem, heißem Wasser schnell wieder aufwärmen.

Pizza mit Pfiff
- Braune knusprige Pizzakrusten bekommen Sie, wenn Sie den Teig mit Hartweizengrieß statt Mehl herstellen.
- Geben Sie den geriebenen Käse für die Pizza direkt auf den Teig, bevor Sie den restlichen Belag darauf legen bzw. das Tomatenpüree darübergießen. Der Teig kann auf diese Weise so lange backen, bis er knusprig ist, ohne daß der Käse verbrennt. Der Boden feuchtet so auch nicht durch.
- Pizza läßt sich leichter mit einer Küchenschere als mit dem Messer zerteilen.

Aus dem Fernen Osten

Chinesische Geheimnisse
- Wird Reiswein in einem chinesischen Rezept verlangt und Sie haben keinen zu Haus, dann kann man sich auch mit trockenem Sherry behelfen.
- Wenn im Rezept Sojakeimlinge verlangt werden, kann man statt dessen auch Kohl, den man in feine Streifen schneidet, nehmen. Er hat den Vorteil, nicht so schnell zu verkochen wie die Keimlinge und schmeckt auch sehr gut.

- Reste von Bambussprossen können längere Zeit in einem Schraubglas mit Wasser bedeckt im Kühlschrank aufgehoben werden. Das Wasser muß aber alle drei Tage erneuert werden.
- Es lohnt sich einen Wok – die chinesische gußeiserne Kochpfanne mit relativ hohem Rand – anzuschaffen, denn man kann ihn sehr vielseitig (besonders auch beim Picknick!) verwenden. Man kann darin sowohl kochen als auch braten und – mit eingelegtem Rost oder Sieb – auch dünsten.

Gute Getränke

Mokka
- Ein besonderes Kaffeearoma bekommt man mit einem Stückchen Schokolade oder einer Vanilleschote, die man mit im Filter überbrüht.
- Sehr starken schwarzen Kaffee kann man mit etwas heißem Kakao mildern und strecken.
- Bei zu schwachem Kaffee mit etwas löslichem Pulverkaffee nachhelfen.
- Den schon gemahlenen Kaffee sollten Sie noch einmal mahlen, möglichst in einer türkischen Mokkamühle, dann sparen Sie ein Drittel der Kaffeemenge.

Filterersatz
- Ein guter und brauchbarer Ersatz für fehlende Filtertüten sind zurechtgeschnittene Papier-Küchentücher.

Tee
- Tee bekommt ein besonderes Aroma, wenn man einige Stückchen getrocknete Orangenschalen oder -blüten in die Teedose legt.

- Variieren Sie den Teegeschmack mit Würfelzucker, der mit Rum, Orangen- oder Zitronensaft beträufelt wurde.
- Kräutertee läßt sich – als Spaß bei Kinderfesten – auch mit Fruchtdrops süßen.

Heiße Schokolade
- Sie mögen keine Haut auf dem Kakao? Dann schlagen Sie ihn nach dem Kochen solange mit dem Schneebesen, bis er schaumig wird und das Problem ist gelöst.
- Eine Prise Salz und ein Teelöffel Stärkemehl, in etwas Wasser aufgelöst, verbessern das Aroma und die Konsistenz von heißer Schokolade.

Sprudelnde Getränke
- Abgestandene Limonaden lassen sich mit etwas Natron wieder zum Sprudeln bringen.
- Sprudelnde Limonaden kann man sich mit jedem Fruchtsaft oder Fruchtsaftkonzentrat und Mineralwasser selber herstellen.
- Der Schaum läuft Ihnen nicht über, wenn Sie kohlensäurehaltige Getränke über Eiswürfel gießen, die vorher unterm Wasser abgespült wurden.

Säfte
- Verbessern Sie den Geschmack des Tomatensaftes aus der Dose, indem Sie ihn in eine Glasflasche umfüllen und eine kleingeschnittene frische Zwiebel und Selleriestange dazugeben.
- Säfte oder Bowle bleiben kühl und werden nicht verwässert, wenn man Eis in einem gut verschlossenen Plastikbeutel hineinhängt.
- Gefrorener Saft taut schneller auf, wenn man ihn einige Sekunden mit etwas Wasser im Mixer zerkleinert.

Alkohol in der Küche

- Ein Schuß guten Cognacs, Rum oder Kirschwasser ist für manche Speisen das Tüpfelchen auf dem »i«. Ein Eßlöffel Rotwein oder Madeira wird manche Soße oder Suppe verfeinern, Weißwein ist vor allem bei Fischgerichten unentbehrlich.
- Gerichte, die mit einem Schuß Alkohol verfeinert wurden, nie aufkochen, nur gut erhitzen.

Wenn in Ihrer Küche etwas fehlt

Keine bittere Schokolade?

- Statt 30 g Bitterschokolade behelfen Sie sich mit 3 Eßlöffeln zerlassenem Kokosfett oder Butter und Zucker nach Geschmack.

Keine Milchschokolade?

- Verfahren Sie wie oben, geben jedoch etwas mehr Zucker und etwas Milch oder Sahne dazu.

Keine frische Milch?

- Pro Tasse (ca. 1/8 l) nimmt man eine halbe Tasse Kondensmilch und füllt mit Wasser auf.
- Für alle Fälle sollte man sich immer etwas Trockenmilchpulver im Haus halten, das man mit Wasser nach Vorschrift anrühren kann!

Keine saure Sahne?

- Nehmen Sie einen Becher (1/8 l = 125 g) süße Sahne geben Sie 1 Eßlöffel Joghurt hinein, gut verrühren und über Nacht stehen lassen.

- Nehmen Sie einen Becher Joghurt ohne Geschmack oder 1 Tasse Kondensmilch und geben 1 Eßlöffel Zitronensaft oder Essig dazu. Gut verrühren!
- Oder verrühren Sie eine Tasse voll Quark mit 2 Eßlöffeln Milch und 1 Teelöffel Zitronensaft im Mixer zu »saurer Sahne«.

Keine Buttermilch oder saure Milch?
- Einer Tasse frischer Milch – oder obiger Ersatz-Milch – gibt man 1 Eßlöffel Zitronensaft oder Essig hinzu, verrührt gut und läßt das Ganze vor der weiteren Verwendung 5 Minuten stehen.

Keine süße Sahne?
- Kondensmilch mit 10% Fettgehalt läßt sich wie Sahne schlagen, schmeckt natürlich etwas anders, hat aber nur 1/3 soviel Fett wie richtige Sahne.
- Man kann auch Bananen in Eiweiß hineinschneiden und zusammen sehr steif schlagen. Die Bananen müssen sich ganz aufgelöst haben. Für Pudding oder andere Süßspeisen sehr zu empfehlen.

Keine Eier?
- Die Treibkraft der Eier kann man durch 1 Eßlöffel hochprozentigen Alkohol (Rum, Cognac etc.) ersetzen.
- Pro fehlendes Ei kann man auch 1 Teelöffel Stärkemehl nehmen.
- Wo es geschmacklich angebracht ist, können Sie auch einen Teelöffel Essig pro fehlendes Ei nehmen.
- Pro fehlendes Ei in einem Rezept nimmt man statt dessen 3 – 4 Eßlöffel Milch oder Wasser, um die Feuchtigkeitsmenge zu ergänzen. Allerdings ist es etwas riskant, zu viele Eier bei besonders darauf ausgerichteten Rezepten wegzulassen.

Keine Rosinen?

- Kleingeschnittene Datteln, Dörrpflaumen oder getrocknete Aprikosen tun es auch.

Kein Backpulver?

- Ein »Schuß« guten Alkohols (z.B. Rum, Arrak, Cognac…) ersetzt Backpulver und verfeinert den Teig.

Kein Mehl?

- Zum Andicken von Bratensaft oder anderen Soßen nehmen Sie stattdessen 1 Eßlöffel Mais- oder Reisstärkemehl pro 2 Eßlöffel normales Mehl.
- Falls Vollkornmehl zum Backen verwendet werden soll, nehmen Sie nicht zuviel davon, sonst wird das Backgut zu schwer. Oder nehmen Sie mehr Eier oder andere Treibmittel zum Ausgleich.
- Will man normales Mehl durch Vollkornmehl ersetzen, was sehr zu empfehlen ist, dann nimmt man nur 1/2 oder 2/3 Vollkornmehl und füllt den Rest mit Weizenmehl auf, um dem Rezept gerecht zu werden.
- Statt des eben erwähnten Vollkornmehls können auch Roggen-, Buchweizen- oder Sojamehle, ja sogar Haferflocken genommen werden. Man muß nur die üblicherweise angegebene Menge halbieren. Bei Sojamehl nur 1/4 verwenden. Für einfache Törtchen oder Semmelrezepte gut zu gebrauchen.

Keine Semmelbrösel?

- Alte Semmeln oder Weißbrot auf der Reibe zerreiben.
- Zum Panieren von Schnitzeln eignen sich sehr gut zerstoßene Cornflakes! Aber auch Weizenflocken oder andere ungesüßte Getreideflocken können verwendet werden.

Keine Nüsse?
- Haferflocken, in wenig Butter (oder Margarine) geröstet, sind ein preiswerter Ersatz für geriebene Nüsse in Plätzchen-, Küchen- oder Auflaufrezepten.

Kein weißer Zucker?
- Weißer Zucker ist sowieso nicht sehr gesund. Man kann ihn im gleichen Maßverhältnis mit braunem Rohrzucker (hell oder dunkel) oder Farinzucker (ungebleichter Rübenzucker) ersetzen, auch wenn der Geschmack sich leicht verändert.
- Statt Zucker nimmt man auch 2/3 der Menge an Honig.

Kein feingemahlener Zucker?
- Sie können ihn sich selbst herstellen, indem Sie grobkörnigen Zucker im Mixer feinmahlen.

Kein Puderzucker?
- Mischen Sie eine Tasse normalen Zuckers mit einem Eßlöffel Stärkemehl, und pulverisieren Sie diese Mischung 2 Minuten lang auf mittlerer Stufe im elektrischen Mixer.

Kein Honig oder Sirup?
- (Angaben pro Tasse): Man nehme 1 1/4 Tassen Zucker plus 1/4 Tasse Wasser (oder eine andere Flüssigkeit, die zum Rezept paßt).

Keine Kartoffeln für Pommes frites?
- Man nehme stattdessen Steckrüben oder weiße Rüben als sehr nahrhaften Ersatz, schneide und fritiere sie wie Pommes frites, bis sie zart und braun sind.

Keine fertige Tomatensauce?
- Nehmen Sie Dosentomaten und treiben Sie sie durch ein Sieb, so daß die Kerne zurückbehalten werden.

Wenn Schmalhans Küchenmeister ist

Mehr Butter
- Schlagen Sie eine Tasse Kondensmilch langsam unter ein halbes Pfund Butter und stellen es in einer Form in den Kühlschrank.
- Oder verrühren Sie 1 Tasse Buttermilch, 1/2 Tasse Salatöl und einen Teelöffel Salz mit etwa einem Pfund Margarine.

Fleisch – aus wenig mach viel
- Mit alten Semmeln, trockenem Brot oder Kräcker kann man Hackfleisch verlängern, wenn es gut durch den Fleischwolf oder im Mixer gemischt wird.
- Oder einweichen und zerkleinert dazugeben.
- Mit einer Tasse kleingehacktem Kohl oder einer geriebenen rohen Kartoffel auf ein Pfund Hackfleisch verlängern Sie auf billige Weise Rezepte für Hackbraten oder Frikadellen.

Kartoffelschalen
- Sauber gewaschene Kartoffelschalen, gewürzt und in Streifen geschnitten, sind im Backofen gebacken, ein nahrhafter Leckerbissen und ein Tip für schlechte Zeiten.

Etwas Vorsicht ist geboten

Sicherheitstips

- Sturzunfälle im Haushalt stehen an erster Stelle unserer Unfallstatistiken. Wußten Sie das schon? Bauen Sie keine Türme aus Tisch, Stuhl, Hocker, um an die Vorhangschiene zu kommen, sondern benutzen Sie nur eine rutschsichere, gute Leiter. Falls Sie noch keine haben, besorgen Sie sich eine, oder lassen Sie sich doch bei nächster Gelegenheit eine schenken.

- Lassen Sie kaltes Wasser in die Spüle einlaufen, wenn Sie das heiße Gemüsewasser abgießen. Sie verbrühen sich so Ihre Hände nicht durch die aufsteigenden Dämpfe.

- Öl niemals so erhitzen, daß es raucht. Es könnte anfangen zu brennen. Außerdem schmeckt es bitter und der Rauch beißt in den Augen.

- Scharfe Messer sollten gut sichtbar in hölzernen Halterungen aufbewahrt werden, nicht zusammen mit anderen Küchenutensilien in der Schublade.

- Brät man Fleisch auf dem Bratrost im Backofen, so lege man einige Stücke trocknes Brot in das darunter geschobene Blech, um das heruntertropfende Fett aufzusaugen. Auf diese Weise wird nicht nur die Rauchentwicklung unterbunden, sondern auch verhindert, daß das Fett sich selbst entzünden kann. (Gasherd).

Schnelle Hilfe bei Verbrennungen

- Saubere, feuchte Schwämme sollten Sie immer im Gefrierfach für eventuelle Verbrennungen parat haben. Der gefrorene Schwamm – auf die Verbrennung gelegt – wirkt schmerzstillend und verhindert starke Blasenbildung.

- Kleine Brandwunden schmerzen weniger, wenn man sie vorsichtig mit der Schnittfläche einer kalten rohen Kartoffel einreibt.
- Oder man löst Backpulver in Wasser auf, gibt die Paste auf die Wunde und verbindet sie mit einer Mullbinde.
- Oder halten Sie die verbrannte Hautstelle, wenn es möglich ist, in Eiswasser.
- Oder in eine Schüssel mit kaltem Wasser halten, in der einige Aspirin-Tabletten aufgelöst wurden.

Feuergefahr im Backofen
- Hat der Backofen Feuer gefangen, den Herd sofort abschalten und die Türe schließen. Bei fehlender Luftzufuhr erstickt das Feuer.

Der Gugelhupf
läßt das Gehen nicht ...

Die besten Tips zum Backen

Brotzeit-Geschichten

Wenn viel Teig zu kneten ist

- Ölen Sie Ihre Hände etwas ein, dann lassen sich schwer knetbare Teige für Pumpernickel, Vollkorn- oder Roggenbrot leichter bearbeiten.
- Stellen Sie Ihre Teigschüssel auf ein zusammengelegtes feuchtes Tuch. Die Schüssel rutscht dann nicht hin und her, wenn Sie die Zutaten darin verarbeiten.
- Teig klebt nicht an den Händen, wenn er in einer großen, sauberen Plastiktüte geknetet wird. Er haftet weder an den Händen noch trocknet er aus.

Sauerteig für kräftiges Bauernbrot

- Sollten Sie einmal bei Ihrem Bäcker keinen Sauerteig bekommen, dann probieren Sie es doch selbst einmal: Füllen Sie ca. 250 g Roggenmehl in eine Schüssel und geben Sie so viel Wasser dazu, daß ein weicher Brei entsteht. Die Schüssel mit feuchten Tüchern zudecken und neben die Heizung (konstante Temperatur von 30-35°) stellen. Nach zwei Tagen schäumt der Sauerteig und wirft Bläschen. Der Teig ist gut, wenn er nach frischem Bauernbrot riecht, Essiggeruch deutet auf unbrauchbaren Teig hin.

Auf die Kruste kommt es an

- Drücken Sie den Teig in eine gefettete Schüssel, drehen ihn um, so daß die fettige Unterseite nach oben zu liegen kommt und decken ihn zu. Auf diese Weise trocknet der Teig während des Gehens in der Schüssel nicht aus und bekommt keine Risse.
- Ihr Brot wird schön knusprig, wenn Sie es oben und seitlich mit Eiweiß, das mit einem Eßlöffel Wasser verschlagen wurde, bestreichen.

- Die Kruste wird schön glänzend, wenn man das Brot vor dem Backen mit einer Mischung von einem geschlagenen Ei und 1 Eßlöffel Milch bestreicht.
- Ein Töpfchen mit Wasser im Backofen sorgt dafür, daß die Kruste während des Backens nicht zu hart wird.
- Pinselt man frisch aus dem Backofen genommenes Brot mit zerlassener Butter ein, dann bekommt man eine weiche Kruste.

Gebackenes Brot auskühlen
- Gebackenes Brot kühlt besser auf einem Gitterrost aus als in der Form. Bleibt es in der Form zum Auskühlen, werden Unterseite und die Seiten weich.

Die Brötchen bleiben warm
- Wenn Sie eine Alufolie unter die Serviette Ihres Brotkorbs legen, bleiben Ihre Brötchen länger warm.

Alles über Hefe
- Frische Hefe fühlt sich geschmeidig an, ist von rosabrauner Farbe, bricht blättrig und duftet angenehm.
- Ausgetrocknete Hefe ist hart, rissig und grün und zum Teil dunkel gefärbt. Sie hat ihre Triebkraft verloren.
- Für süße Teige wird die Hefe mit etwas Zucker zerbröckelt und mit lauwarmer Milch (Wasser) und etwas Mehl angesetzt. Bei gesalzenen Teigen wird der Zucker weggelassen. Wenn die Mischung innerhalb von 10 Minuten Blasen zeigt, ist die Hefe in Ordnung und kann verwendet werden.
- Man teste Hefe auch, indem man einen Teelöffel davon in eine Tasse heißen Wassers gibt. Wenn sie in die Höhe steigt und kräftig treibt »geht« sie.
- Frische Hefe läßt sich auch gut einfrieren. Über Mona-

te behält sie ihre Treibkraft. Nach dem Auftauen zerfällt sie zwar zu einem Brei, was aber nicht ihre Wirkung beeinträchtigt.

Hefeteig
- Hefeteig sollte immer, mit einem Tuch zugedeckt, an einen warmen Ort zum Gehen gestellt werden. Dadurch wird der Teig vor jedem Luftzug geschützt und außerdem kann sich unter dem Tuch die Wärme gut speichern.
- Oder stellen Sie die gut zugedeckte Schüssel mit dem Hefeteig auf ein Heizkissen, das auf Mittelhitze eingestellt ist, denn Heizkissen sind ideal dafür, wenn nicht wie im Winter, die Heizkörper benutzt werden können.
- Ein eingeschalteter Fernseher ist auch eine gute Wärmequelle. Während Sie dem Programm zuschauen, behalten Sie auch den Teig im Auge und vergessen ihn nicht.
- Schwerer Hefeteig geht schneller, wenn Sie eine große durchsichtige Plastiktüte über die Schüssel stülpen und die Enden sorgfältig unter den Schüsselboden klemmen.

Glänzendes Gebäck
- Bestreicht man Semmeln bzw. Brötchen vor dem Backen mit einer Mischung von 1 Eßlöffel Zucker und 1/4 Tasse Milch, so glänzen sie hinterher wunderbar.

Glatte Brötchen
- Schrumpelige Brötchen werden wieder glatt, wenn sie leicht angefeuchtet·und für einige Minuten in den vorgeheizten, etwa 200° heißen Ofen geschoben werden.

Feine Kuchen

Besserer Teig

- Zu fester Rührteig wird geschmeidig, wenn man ein gut verschlagenes Ei langsam einrührt.
- Gerinnt der Rührteig einmal, dann geben Sie für jedes verwendete Ei einen Eßlöffel Mehl dazu.
- Oder stellen Sie die Rührschüssel in ein warmes Wasserbad und rühren weiter. Das Fett wird in der Wärme weicher und verbindet sich besser mit den Eiern.
- Mürbeteig oder andere fette Teige lassen sich besser ausrollen, wenn Sie den Teig zwischen zwei bemehlte Bogen Pergamentpapier legen.
- Der Zusatz von Quark macht einen Kuchen besonders saftig. Suchen Sie sich die besten Quarkrezepte aus.
- Biskuitkuchen schmecken feiner, wenn man für den Teig Orangensaft statt Wasser verwendet.
- Erwärmen Sie Nüsse, Rosinen oder andere Früchte im Backofen, bevor Sie sie dem Teig oder Pudding zugeben. Sie sinken später in der Form nicht nach unten.

Mit Früchten und Rosinen

- Man kann die Früchte und Rosinen auch vorher in Butter wenden oder kurz in heißes Wasser (oder Alkohol, schmeckt besser) tauchen, um das »Versinken« zu vermeiden.
- Wälzen Sie gefrorene Beeren, z.B. Himbeeren, in Zimt und Zucker, bevor Sie sie in den Teig einarbeiten. Sie verteilen sich besser im Teig und schmecken obendrein noch besser.
- Tiefgefrorenes Obst kann unaufgetaut mitgebacken werden, wenn die Früchte einzeln eingefroren wurden.

Unsichtbares Bestäuben

- Nehmen Sie Kakao statt Mehl zum Bestäuben der gefetteten Backform oder des Bleches, dann sieht das Gebäck nicht so mehlig aus.
- Oder bestäuben Sie die gefetteten Formen (Spring- oder Kastenform) mit etwas fertiger Kuchenmischung.

Damit der Kuchen aus der Form geht

- Zeichnen Sie sich Boden und Ränder Ihrer Backform (vor allem bei Kastenformen zu empfehlen) auf Pergamentpapier oder Folie ab und schneiden es danach aus. Fetten sie das Papier ein und legen es in die Form. Dann den Teig einfüllen. Der Kuchen klebt nach dem Backen nicht an, so daß er gut aus der Form gleitet. Das Papier von dem noch warmen Kuchen vorsichtig abziehen.
- Will sich der Kuchen einmal nicht aus der Backform lösen, dann stellen Sie die Form nach dem Backen kurz auf ein feuchtes Tuch.
- Alle in der Form gebackenen Kuchen sollten nach dem Backen immer erst einige Minuten in der Form abkühlen, dann erst auf ein Gitter legen.
- Neue Kuchenformen sollten 15 Minuten lang bei starker Hitze im Backofen leer erhitzt werden.

Formen ausfetten – oder nicht

- Ausfetten: Bei Rührteig, Honigkuchen, Hefeteig, Biskuitteig.
- Nicht Ausfetten: Mürbeteig, Brandteig.
- Blätterteig auf einem mit kaltem Wasser abgespülten Blech backen.
- Baiser- und Makronenmasse auf einem mit Pergamentpapier oder Folie ausgelegten Blech backen.

Auch diese Tips sind wichtig

- Wird der Kuchen während des Backens oben zu schnell braun, so stellen Sie einen Topf mit warmem Wasser auf den Rost über dem Kuchen.
- Oder decken Sie ihn mit einer Folie ab.
- Wenn ein frischgebackener Kuchen in der Mitte zu hoch geworden ist, kann man ihn mit einer etwas kleineren Form, die man darauf drückt, wieder »einebnen«. Das schadet dem Kuchen nichts.
- Sind Zahnstocher zu kurz für den Gartest, so kann man auch eine rohe Spaghettinudel dafür nehmen, wenn keine Stricknadel o. ä. zur Hand ist.

Gut serviert

- Bestreichen Sie den Tortenboden vor dem Auflegen der Früchte mit Eiweiß. Der Obstsaft zieht dann nicht durch.
- Muß der Kuchen heiß geschnitten werden, nehmen Sie am besten einen festen Baumwollfaden anstelle eines Messers. Besonders Biskuitböden lassen sich auf diese Weise sehr gut teilen, sie sollten aber vor dem Schneiden einige Stunden ruhen.
- Die Glasur auf dem Kuchen bekommt beim Schneiden keine Risse, wenn man das Messer zuvor in heißes Wasser getaucht hat.

57

- Kuchen ohne Guß oder Glasur läßt sich schöner und gleichmäßiger schneiden, wenn man ihn zuvor kurz einfriert.

Mit Schokolade
- Schokoladenkuchen wird saftig und locker, wenn man dem Backpulver noch einen Löffel Essig zusetzt.
- Brauchen Sie Schokoladensplitter und haben keine? Nehmen Sie Ihren Kartoffelschäler und raspeln Sie damit einen Riegel Schokolade klein, dann ist Ihnen schnell und preiswert geholfen.
- Eine Prise Salz an Schokoladenspeisen intensiviert den Geschmack!
- Schokolade sollte man stets im Wasserbad zum Schmelzen bringen. So kann sie nicht anbrennen. Sollte sie nach dem Schmelzen gleich wieder erhärten, geben Sie etwas Pflanzenöl dazu und sie wird wieder weich.

Wie halte ich Kuchen frisch?
- Kuchen schmeckt besonders weich und zart, wenn man ihn fest in Klarsichtfolie wickelt und darin einen Tag lang vor dem Anschneiden aufbewahrt.
- Eingefrorenen Käsekuchen taue man langsam (innerhalb von 12 Stunden) im Kühlschrank auf. So behält er seine cremige Beschaffenheit.
- Kuchen bleibt länger frisch, wenn man ihn zusammen mit einem halben Apfel in einem festverschlossenen Behälter aufbewahrt.
- Oder man befestigt eine Scheibe frischen Brotes mit Zahnstochern an dem angeschnittenen Kuchen, damit er nicht austrocknet und altbacken schmeckt.
- Altbackenen Kuchen kann man kurz in kalte Milch tauchen und dann bei mittlerer Hitze aufbacken.

Wie dekoriere ich meinen Kuchen?

- Eine Prise Backpulver unter den Zuckerguß gemischt, erhält ihn geschmeidig und feucht.

- Torten mit mehreren Schichten lassen sich leichter glasieren, wenn man die Schichten mit einigen rohen Spaghetti zusammensteckt. Sie verrutschen nicht, bis der Überzug erhärtet ist.

- Wenn Sie Ihre Torte verzieren wollen und haben keinen Spritzbeutel zur Hand, stellen Sie sich eine Tüte aus zusammengerolltem Pergamentpapier her. Die Spitze je nach gewünschtem Muster ein- bzw. abschneiden und die Glasur- oder Gußmasse einfüllen.

- Es empfiehlt sich, etwas Puderzucker oder Semmelbrösel auf jede Tortenlage zu streuen, bevor man sie
  mit Guß oder Füllung überzieht, dann werden die einzelnen Lagen nicht durchweicht.
- Wenn eine mehrschichtige Torte angeschnitten wird,
  quillt die Tortenfüllung leicht heraus. Schneiden Sie
  deshalb den obersten Boden in Portionsstücke, bevor
  Sie der Torte den letzten Schliff geben.
- Wenn Sie Ihre Buttercreme mit Fruchtsäften oder Spirituosen besonders schmackhaft machen möchten,
  dann rühren Sie die flüssigen Zutaten ganz langsam
  unter, damit die Creme nicht gerinnt.
- Rührkuchen-Törtchen kann man mit einem köstlichen
  Guß überziehen, wenn man sie 2 Minuten bevor man
  sie aus dem Backofen nimmt, mit einem Marshmallow
  verziert, das dann darauf schmilzt.

Glasuren

- Glasuren gerinnen nicht, wenn dem Zucker eine Prise
  Salz zugegeben wird.
- Wird die Glasur während des Anrührens zu fest oder
  hart, gießen Sie etwas Zitronensaft dazu.
- Damit der Zuckerguß schön glatt wird, überziehe man
  den Kuchen zuerst mit einer dünnen Schicht, lasse
  diese Grundierung trocknen und streiche dann die
  zweite und letzte Schicht auf. Sie läßt sich leicht auftragen und sieht dann sehr schön aus.
- Damit Karamel-Glasur weich bleibt und sich leicht
  auftragen läßt, stelle man sie in ein heißes Wasserbad
  und rühre einen Teelöffel Stärkemehl darunter. So
  wird der Guß wunderbar glatt.
- Ein sofort verfügbarer und delikater Überzug für Kuchen oder andere Süßspeisen ist mit »Schlagfitt« und
  etwas fertiger Schokoladensoße schnell hergestellt.

Beides bekommt man in jedem Lebensmittelgeschäft.
- Für eine gute Erdbeerglasur mischt man 2 Eßlöffel Erdbeersaft, 1/4 Tasse Zucker, 1 Eßlöffel Zitronensaft und rührt solange, bis sich der Zucker aufgelöst hat.

Tortendekoration im Null-Komma-nichts!
- Ein Zierdeckchen aus Papier oder einfach eine Tortenunterlage mit großem Muster – auf die fertige Torte gelegt – mit Puderzucker bestäubt und vorsichtig wieder abgenommen, ist eine gute Methode, einen Kuchen hübsch und schnell zu verzieren.

Alles über Krapfen
- Je mehr Eigelb für die Krapfen verwendet wurden, desto weniger Fett saugen sie auf.
- Oder lassen Sie die Krapfen erst etwa 15 Minuten stehen, bevor sie gebacken werden, dann nehmen sie auch nicht so viel Fett an.
- Nehmen Sie die Krapfen gleich nach dem Ausbacken aus dem Fett heraus und tauchen Sie sie kurz in Wasser, dann wie üblich abtropfen lassen. Sie sind dann weniger fettig.
- Oder lassen Sie die Krapfen auf Küchenkrepp abtropfen.
- Ein paar Scheiben roher Kartoffeln im Ausbackfett, verhindern das Verbrennen der Krapfen.
- Altbackene Krapfen kann man noch mit Anstand zum Frühstück servieren, wenn sie in Scheiben aufgeschnitten, in Eierteig gewendet und gebacken werden.

Strudel-Spezialitäten
Problemloser Teig
- Achten Sie darauf, daß alle Zutaten Raumtemperatur haben und genau nach Rezept abgemessen werden.

- Wenn Sie statt Butter oder Schweineschmalz feines Speiseöl verwenden, wird der Teig geschmeidiger und läßt sich leichter verarbeiten.
- Strudelteig muß sehr gut durchgeknetet werden. Schlagen Sie den Teig am besten ca. 50 mal auf ein bemehltes Brett.
- Wellen Sie Strudelteig immer auf einem bemehlten Leinentuch aus.
- Der Teig wird so dünn und durchsichtig, daß man eine Zeitung durch ihn lesen kann, wenn man den ausgewellten Teig von der Mitte aus über beide Handrücken vorsichtig auseinanderzieht.
- Vor dem Füllen mit zerlassener Butter bestreichen. Sind Obstfüllungen vorgesehen, den Teig mit Semmel- oder Kuchenbröseln bestreichen.
  Füllungen
- Apfelfüllung schmeckt besonders delikat, wenn die frisch geschälten und klein geschnittenen Äpfel mit Zimt und Zucker, Rosinen, geraspelten Nüssen und etwas Rum vermischt werden.
- Statt mit Äpfeln, können Sie den Strudel auch mit Kirschen, Zwetschgen oder Mohn füllen.
- Sehr saftig und gut verträglich ist eine Quarkfüllung. Sparen Sie hier nicht mit Eiern; sie verhindern, daß die Füllung zu weich wird und auseinanderläuft.

Riesige Baisers (Meringen, Schäumchen)
- Das Geheimnis von hohen, luftigen Baisers ist etwas Backpulver, das man in das zimmerwarme Eiweiß einrührt, bevor es mit dem Zucker zusammen sehr steif geschlagen wird.
- Baisers werden größer und stabiler, wenn man auf je drei Eiweiß einen Teelöffel Zitronensaft gibt.

- Die Baisermasse sollte immer auf ein mit ungefettetem Pergamentpapier ausgelegtes Backblech gespritzt oder gestrichen werden.
- Die Baiserdecke eines Obstkuchens wird beim Schneiden nicht am Messer kleben, wenn man sie kurz vor dem Braunwerden leicht mit Zucker bestäubt.
- Oder man fettet das Messer zuerst ein.
- Oder man taucht das Messer vor dem Schneiden in heißes Wasser, dann krümelt die Baiserschicht nicht.
- Schalten Sie den Backofen aus, wenn die Baiserdecke goldbraun gebacken ist, und öffnen Sie die Ofentür zuerst nur einen Spalt (einen Kochlöffel zwischen Herd und Türe klemmen). Der Auflauf kühlt so nur langsam aus, und die Baiserdecke bekommt keine Risse.

Schöne Plätzchen

Umgang mit Backblechen
- Fehlt Ihnen ein Backblech – oder Sie brauchen mehrere, dann behelfen Sie sich doch mit dem Boden von Ihrer Springform.
- Gründliches Einfetten des Backbleches ist das »A und O« beim Plätzchenbacken!
- Plätzchen kleben an der Unterseite nicht so leicht an, wenn das Blech vor Gebrauch gut gekühlt wurde. Nach jedem Backvorgang mit kaltem Wasser abspülen, trocknen, wieder einfetten und weiter backen.

Zerkleinern von Zuckerklumpen
- Klumpig gewordener Zucker am besten im Mixer zerkleinern.
- Oder zerreiben Sie den Klumpen auf einem Reibeisen, wenn es eine kleine Menge ist.

Plätzchen hübsch verziert

- Plätzchen werden knusprig »glasiert«, wenn man das Backbrett vor dem Ausrollen des Teiges mit einer Mehl-Zuckermischung bestreut.
- Oder man röste Haferflocken mit etwas Zucker und Butter bei schwacher Hitze in der Pfanne. Die Haferflocken bekommen einen köstlichen Nußgeschmack und eignen sich sehr gut zum Bestreuen feiner Plätzchen.
- Oder bestreichen Sie die Plätzchen mit geschlagenem Eigelb, das mit etwas Wasser verdünnt wurde. Sobald es getrocknet ist, kann man die Plätzchen entweder so wie sie sind backen oder noch hübsche Verzierungen einritzen.

Ausstechen

- Bei weichen Teigen Ausstechformen in Mehl tauchen, bei festen Teigen in lauwarmes Wasser.

Plätzchen nicht zu lange backen

- Nehmen Sie Plätzchen 2 Minuten vor Beendigung der Backzeit aus dem Backofen. Sie backen auf dem heißen Blech weiter und verbrennen auf diese Weise nicht.

Resteverwertung

- Altbackene, harte Plätzchen zerstößt man zu Bröseln, verschließt sie in einem Schraubglas und kann sie dann zum Bestreuen von Kuchen oder Aufläufen verwenden.

Plätzchen auf Reisen

- Die Plätzchen in Ihrem Weihnachtspaket kommen heil an, wenn sie in Popcorn verpackt werden.

Nachspeisen

Leicht und locker

- Ein Soufflé wird lockerer, wenn man einen Rand aus Butterbrotpapier oder Alufolie zurechtschneidet, einfettet und ihn etwa 10-15 cm hoch um die Backform legt. Mit Faden zusammenbinden, und dann erst die Masse einfüllen. Vor dem Anrichten den Rand entfernen.
- Für Soufflés mit weichem Inneren berechne man eine kürzere Backzeit bei etwas stärkerer Hitze, als im Rezept angegeben ist. Sobald die Oberseite braun ist, nimmt man das Soufflé aus dem Backofen.
- Milchreis schmeckt besonders gut und wird schön locker, wenn man kurz vor dem Anrichten den geschlagenen Schnee von einem oder zwei Eiweiß unterhebt.
- Gekochte Puddings (im Wasserbad) werden lockerer, wenn man statt der Hälfte des Mehls Semmelbrösel verwendet.
- Puddings bekommen keine Haut, wenn man die Oberfläche direkt mit Plastikfolie abdeckt.
- Oder wenn man sofort nach dem Kochen eine dünne Schicht zerlassener Butter oder Sahne auf Puddings oder Crems streicht und sie dann mit dem Schneebesen unterschlägt.

Delikate Pfannkuchen

- Nehmen Sie statt der angegebenen Flüssigkeit Selterswasser. Die Pfannkuchen werden dadurch wunderbar locker.
- Halten Sie die Fenster aber beim Ausbacken geschlossen, weil Pfannkuchen, die Sie zu stürmisch in der Luft wenden, vielleicht davonfliegen!

- Hauchdünne und zarte Pfannkuchen (Crêpes) bekommt man, wenn man gerade so viel Teig in die Pfanne füllt, daß der Boden der Pfanne bedeckt ist. Dünne, sehr dünne Schichten sind das ganze Geheimnis.

So bekommen Sie herrliche Schlagsahne
- Sahne, Schüssel und Schneebesen bzw. Rührgerät vor Gebrauch gut kühlen.
- Stellen Sie die Sahneschüssel zum Schlagen in eine größere Schüssel mit Eiswürfeln und etwas Salz. Die Sahne schlägt sich schneller und wird »standfester«.
- Läßt sich Schlagsahne nur schlecht steif schlagen, so fügen Sie nach und nach während des Schlagens 3–4 Tropfen Zitronensaft hinzu.
- Man kann auch Eiweiß untermischen. Erst kühlen, dann steifschlagen.
- Schlagsahne bleibt steif, wenn man anstatt normalen Zuckers Puderzucker nimmt. Auf diese Weise wird sie nicht wieder flüssig.
- Schlagsahne, die frühzeitig geschlagen werden muß, bleibt steif, wenn man ihr ein wenig Gelatine ohne Geschmack oder ein Steifmittel zufügt.

Bratäpfel
- Bestreichen Sie Bratäpfel erst nach dem Backen mit Honig. Dieser vermischt sich wunderbar mit der noch sehr heißen Frucht und verbrennt auf diese Weise nicht beim Backen.
- Bratäpfel schrumpfen nicht, wenn Sie die Äpfel rundherum einschneiden.
- Oder schneiden Sie die Äpfel an mehreren Stellen ein, bevor sie gebacken werden, dann schrumpft die Haut auch nicht ein.

Apfel, Apfel, Kirsche, Nuß ...

Die besten Küchentips für Obst

Die Früchte des Erfolges

Wie schäle ich Obst im nu?

- Dünnschaliges Obst legt man in eine Schüssel, übergießt es mit kochendem Wasser und läßt es darin
1 Min. stehen. Dann läßt sich die Haut leicht mit dem
Messer abziehen.

- Oder auf eine Gabel gespießt, halten Sie die Frucht
kurz in kochendes Wasser oder über eine Gasflamme,
bis die Haut platzt. Sie läßt sich dann leicht abziehen.

Obst im voraus geschnitten

- Lösen Sie 2 zerdrückte Vitamin-C-Tabletten (oder etwa einen halben Teelöffel Pulver) in einer Schüssel mit
kaltem Wasser auf und geben dann erst das geschnitte-
ne frische Obst hinein, damit es nicht braun anläuft.

- Übergießen Sie frisch geschnittenes Obst mit Zitronensaft, damit es sich nicht verfärbt. Eine halbe Zitrone reicht für 1/4 bis 1/2 kg geschnittenes Obst.

- Halbierte Früchte bestreiche man an den Schnittflächen mit Zitronensaft.

Äpfel

- Wenn sie nur kurze Zeit aufgehoben werden sollen, halten sie am besten in Plastikbeuteln mit Löchern.
- Äpfel halten länger, wenn sie sich bei der Lagerung nicht berühren.
- Ausgetrocknete Äpfel werden wieder aromatisch, wenn man sie aufschneidet und die Stückchen mit Apfelmost besprengt.

Avocados

- Avocados reifen schnell nach, wenn sie in einer braunen Obsttüte an einem warmen Platz liegen.
- Wenn Sie testen wollen, ob die Frucht reif ist, stechen Sie mit einem Zahnstocher am Stielende hinein. Läßt sich der Zahnstocher leicht einstechen und auch wieder herausziehen, dann ist die Frucht reif und eßbar.
- Reife Früchte sollten im Gemüsefach des Kühlschranks aufbewahrt werden.

Bananen

- Grüne Bananen reifen schneller, wenn man sie neben eine überreife Banane legt.
- Oder man wickelt sic in ein feuchtes Geschirrtuch und dann in eine Papiertüte.
- Reife Bananen sollten im Kühlschrank aufbewahrt werden. Die Schale verfärbt sich durch die Kälte zwar dunkelbraun, die Frucht selber aber bleibt davon unbeeinflußt. Der Reifeprozeß wird verzögert.
- Außerdem halten sich die Bananen im Kühlschrank viel länger frisch, wenn sie ungeschält in einem fest verschlossenen Gefäß aufgehoben werden.

Beerenobst

- Prüfen Sie vor dem Kauf von Beerenobst, ob der Boden des Körbchens oder Behälters trocken ist. Mat-

- schige und verschimmelte Beeren am Boden sind ein Zeichen, daß das Obst nicht mehr frisch ist.
- Sortieren Sie zu Hause sofort die zerdrückten und faulen Beeren heraus, denn faule Beeren stecken die gesunden an!
- Beerenobst sollte erst kurz vor dem Verzehr gewaschen und geputzt werden.

Preiselbeeren (Kronsbeeren)
- Verhindern Sie das Überkochen und Schaumbilden mit einem Teelöffel Butter pro Pfund Preiselbeeren.
- Kochen Sie die Preiselbeeren nur solange, bis die Häute platzen. Längeres Kochen macht sie bitter.

Erdbeeren
- Man kann Erdbeeren mehrere Tage im Kühlschrank aufbewahren, wenn sie in einem Sieb liegen, weil dann die kalte Luft von allen Seiten an sie herankommt.
- Erdbeeren immer erst waschen, dann putzen. Sie saugen sonst zuviel Wasser auf und werden matschig.

Honigmelone
- **Anschauen!** Die Farbe der Schale darf gelbgrün bis blaßgelb – nicht aber grün sein!
- **Schütteln!** Bei der reifen Melone hört man innen die Samen rasseln.
- **Riechen!** Die reife Frucht duftet.
- **Tasten!** Der Bauchnabel sollte etwas weich sein. Ist die ganze Melone weich, ist das meist ein Zeichen von Überreife.

Grapefrucht (Pampelmuse)
- Die Dicke der Schale, nicht deren Farbe, sagt etwas über die Qualität der Frucht aus. Dünnschalige Früch-

te sind meistens saftiger als dickschalige. Früchte mit
dicker Schale laufen gewöhnlich am Stielende spitz zu
und sehen rauh und runzelig aus.
- Grapefruits kann man ein paar Minuten in kochendes
Wasser legen, sie lassen sich dann leichter schälen.

Zitronen

- Zitronen mit glatter Schale und weitgehend runder
Form sind saftiger und aromatischer, weil sie ausge-
reift sind.
- Ungespritzte Zitronen, die 15 Minuten in heißes Wasser gelegt werden, ergeben fast die doppelte Saftmen-
ge.
- Oder erwärmen Sie die Zitronen vor dem Auspressen
einige Minuten im Backofen.
- Oder rollen Sie die Zitrone auf dem Küchentisch mit
etwas Druck hin und her. Sie gibt dann mehr Saft.
- Brauchen Sie nur einige Tropfen Zitronensaft, dann
stechen Sie die Frucht nur am Ende mit einer Gabel etwas ein und drücken ein paar Tropfen heraus. Dann
legen Sie die Zitrone wieder in den Kühlschrank zurück – sozusagen unbenutzt.

Orangen

- Als Saftorangen sind vor allem die dünnschaligen zu
empfehlen.
- Um größere Saftmengen zu bekommen, folge man
den Tips für Zitronen.

Pfirsiche

- Pfirsiche reifen schneller nach, wenn man sie in eine
Schachtel legt und mit Zeitungspapier abdeckt. Die
austretenden Gase bleiben erhalten und beschleuni-
gen den Reifungsprozeß.

- Pfirsiche schält man am besten mit einem Kartoffel-schäler, wenn sie noch nicht ganz reif sind.

Birnen
- Birnen reifen schnell nach, wenn Sie sie zusammen mit einem reifen Apfel in einer braunen Obsttüte an einen schattigen, kühlen Platz legen. Die verschlossene Tüte sollte an einigen Stellen eingestochen werden. Der reife Apfel entwickelt Äthylengas, das den Reifeprozeß bei den Birnen anregt. Dieser Trick mit dem reifen Apfel ist auch bei Pfirsichen und Tomaten anwendbar.

Ananas
- Frische Ananas sollte man nicht für Süßspeisen verwenden, die mit Gelatine hergestellt werden. Diese Frucht enthält Enzyme, die das Gelieren verhindern. Nehmen sie entweder Ananas aus der Dose oder dünsten Sie die frischen Früchte 5 Minuten vor.

Rosinen
- Rosinen lassen sich leichter hacken, wenn beide Seiten des Hackmessers leicht mit Butter eingefettet werden.
- Oder weichen Sie die Rosinen vorher kurze Zeit in kaltem Wasser ein.

Wassermelonen
- Reifetest: Schnalzen Sie mit Daumen und Mittelfinger auf die Melone. Klingt sie hell und macht »ping«, ist sie unreif, hört es sich tief und voll an, wie »pong«, dann ist sie gut und reif.

Pfeffer macht scharf!

Die besten Tips zum Würzen

Jetzt wird's würzig

Frische Gewürze und Kräuter

- Frische Gewürze halten ihr Aroma länger, wenn sie in Olivenöl eingelegt und im Kühlschrank aufbewahrt werden.
- Man braucht nur ein Drittel der angegebenen Gewürzmenge, wenn man statt der üblicherweise getrockneten, frische Gewürze verwendet.
- Geben Sie frische Kräuter immer erst kurz vor dem Servieren zu dem entsprechenden Gericht.
- Haben Sie für ein Gericht mehrere frische Kräuter vorgesehen, dann achten Sie darauf, daß vor allem reichlich Schnittlauch dabei ist. Er sorgt dafür, daß sich das Aroma aller Kräuter gut entfaltet.
- Getrocknete Gewürze werden aromatischer, wenn man sie mit den Fingern zerreibt, bevor sie an die Speisen gegeben werden.
- Mit einem Stückchen Kräuter- oder Knoblauchbutter ist frisch gekochtes Gemüse schnell und schmackhaft gewürzt.
- Will man die Gewürze nicht in Suppe oder Eintopf lassen, binde man sie vorher in ein Mullsäckchen ein. Mit einem Griff sind sie nach dem Kochen wieder entfernt.
- Für langsam garende Speisen nehmen Sie unzerkleinerte Gewürze, weil sie dann genug Zeit haben, ihr Aroma abzugeben.

Gewürze am Küchenfenster

- Wußten Sie es schon? Sie können sich Kresse und Petersilie am Küchenfenster selber ziehen! Schneiden Sie einen Schwamm flach in der Mitte durch, legen Sie beide Hälften in flache Schüsseln, so daß die Schwämme gut feucht gehalten werden können und streucn Sie

die Samenkörner darauf. Nach 3–4 Tagen keimt die Kresse schon – bei Petersilie dauert es etwas länger.
- Statt der Schwämme kann man auch einige Lagen Papiertaschentücher, Watte, Löschpapier oder – natürlich! – sandige Erde verwenden. Wichtig ist das ständige Feuchthalten.

Ein Irrtum ist zu berichtigen
- Bewahren Sie Ihre Gewürze nie in der Nähe der Kochstelle auf, denn dort verlieren sie sehr schnell ihre Farbe und ihr Aroma. Ein guter Platz ist der Kühlschrank oder jeder andere kühle, trockene Ort.

Kräuter und Gewürze

Basilikum
- Frisch oder getrocknet, vor allem zu Tomatengerichten und Fisch zu empfehlen.

Beifuß
- Ein altbewährtes Gewürz für Gänsebraten.

Bohnenkraut
- Vor allem, wie es der Name schon ankündigt, für Bohnengemüse und -salat zu verwenden.

Borretsch
- Die frischen Blätter sind ein delikates Salatgewürz.

Curry
- Eine indische Gewürzmischung, die vor allem zu Fleisch, Fisch und Reis paßt.

Dill

- Am besten schmecken die frischen Blätter zu Gurken-
salat, Eiersalat, Fisch, Krabben. Auch getrocknet behält Dill noch sein feines Aroma.

Estragon

- Estragonzweige werden gern in Essig eingelegt. Aber
auch für Suppen und Fleisch ist das Gewürz sehr beliebt.

Ingwer

- Frische Ingwerwurzeln braucht man meistens nicht
vollständig auf und weiß nicht wohin mit dem Rest.
Wenn sie die sauber geputzte Wurzel in Scheibchen
schneiden oder kleinhacken, in ein Schraubglas füllen
und mit trockenem Sherry oder Wodka bedecken, hält
sich der Ingwer im Kühlschrank monatelang frisch.

Kerbel

- Nur die frischen Blätter verwenden. Am besten
schmeckt das Gewürz in Suppen oder grünen Soßen.

Knoblauch

- Um die Haut von Knoblauchzehen leichter zu entfernen, legen Sie die Zehe kurz in warmes Wasser. Die
Haut läßt sich dann leicht entfernen.
- Frisches Knoblauchsalz läßt sich leicht herstellen:
Schneiden oder quetschen Sie eine Zehe auf ein mit
Salz bestreutes Brettchen. Das Salz nimmt den Saft
auf, vermindert den scharfen Knoblauchgeruch und
verhindert außerdem, daß der Knoblauch am Messer
haften bleibt.

Koriander

- Bei uns werden eigentlich nur die getrockneten Körner verwendet. Vor allem zu Brot und Gebäck. In den Mittelmeerländern ist Koriander auch als frisches Gewürzkraut beliebt, vor allem zu Hammelfleisch und anderen fetten Fleischgerichten.
- Machen Sie doch einmal den Versuch und pflanzen Sie einige Korianderkörner in einen Blumentopf. Vielleicht entdecken Sie ein neues Gewürz?

Kümmel

- Kann sehr vielseitig verwendet werden. Zum Beispiel für Brot, Kraut, Quark, Kartoffeln, Schweinebraten u.a.
- Kümmel mindert die Blähwirkung bei Kohl- oder Zwiebelgerichten.

Liebstöckel

- Ein sehr intensives Gewürz. Schmeckt vor allem in Bratensoßen, Eintöpfen, Suppen. Getrocknet verliert es viel von seinem Aroma.

Lorbeerblätter

- Legen Sie doch die Lorbeerblätter zum Würzen Ihres Eintopfes in ein Tee-Ei, dann sind sie hinterher schnell wieder herausgenommen.
- Oder stecken Sie sie einzeln auf Zahnstocher! Das gilt übrigens auch für jene Gewürze wie Pimentkörner oder Nelken, die man nicht gerne mitessen möchte.

Majoran

- Frisch oder getrocknet zu Eintöpfen, Kartoffeln, Brot und Wurst.

Meerrettich
- Meerrettich möglichst nicht mitkochen, denn er verliert dabei seine feine Schärfe.
- Frischgeriebener Meerrettich schmeckt am besten. Brauchen Sie aber hin und wieder nur eine kleine Menge, dann kaufen Sie sich am besten konservierten Meerrettich im Glas.

Muskat
- Am besten schmeckt Muskat frisch gerieben zu Gemüse, Suppen, Soßen und Käsespeisen.

Nelken
- Verwenden Sie möglichst die ganze getrocknete Blütenknospe. Das Gewürz paßt zu allen süßsauren Gerichten, zu Kompott, Glühwein und verschiedenem Gebäck.
- Verbreiten Sie Wohlgeruch in Ihren Kuchenschränken oder Speisekammern – aber auch in Kleiderschränken! – indem Sie eine Orange mit Gewürznelken spicken und darin aufhängen.

Oliven
- Wenn Ihre Oliven zu scharf gesalzen sind, dann brausen Sie sie mit kaltem Wasser gründlich ab, bevor Sie sie anrichten.

Oregano
- Der aus den Mittelmeerländern kommende wilde Majoran ist vor allem in der italienischen Küche beliebt. Er paßt zu Tomaten, Fleischsoßen, Pizza und Nudelgerichten.

Paprika
- Als liebliche oder scharfe Sorte im Handel, ist Paprika das klassische Gulasch-Gewürz. Paßt auch zu Soßen, Fisch, Salaten, Reis.

Petersilie
- Frische Petersilie »belebt« getrocknete Kräuter! Die Frische geht auf die getrockneten Kräuter über und der Unterschied im Geschmack ist verblüffend. Gleiche Mengen frischer Petersilie mit getrocknetem Dill, Basilikum, Majoran oder Rosmarin o.ä. in ein verschließbares Glas geben und einige Stunden wirken lassen.
- Um Petersilie zu trocknen, lege man sie auf ein Backblech und lasse sie bei niedrigster Einstellung im Gas- oder Elektroherd langsam trocknen. In einem Schraubglas an einem kühlen, trockenen Platz (z.B. Kühlschrank) aufbewahrt, ist sie für Monate brauchbar.

Schnittlauch und Petersilie
- Beide Gewürze schmecken am besten frisch aus dem Garten. Aber auch tiefgefroren behalten sie ihr Aroma.

Pfeffer
- Als grüner, weißer oder schwarzer Pfeffer im Handel. Grob zerquetscht oder frisch gemahlen schmeckt er am besten.
- Ein paar Pfefferkörner im Pfefferstreuer verhindern das Verstopfen der Löcher und geben dem gemahlenen Pfeffer außerdem mehr Aroma.

Rosmarin
- Getrockneter Rosmarin sieht wie kleine Tannennadeln aus. Schmeckt vor allem in Fleischgerichten, Soßen, Marinaden.
- Rosmarin ist ein etwas sprödes Gewürz. Mahlen Sie es doch vor Gebrauch in einer Pfeffermühle.

Salbei
- Ein nicht nur altbekanntes Heilmittel (Erkältungen) sondern auch ein fast unentbehrliches Gewürz für viele Fleischspeisen.

Thymian
- Neutralisiert fette Gerichte. Sehr gut in Fleischspeisen, Salaten, Soßen, für Fische und Krebse.

Vanille
- Die geschnittenen schwarzen Schoten passen gut zu Süßspeisen, Gebäck, Gelees.

Wacholder
- Die getrockneten Beeren verbessern jede Wildbeize, Fischsud und gehören vor allem ins Sauerkraut. Wenn die Beeren etwas zerquetscht werden, bevor sie in einem Gericht mitgekocht werden, können sie gut mitgegessen werden. Sie sind nämlich sehr gesund.

Zimt
- Als Stange oder Pulver im Handel. Paßt zu Süßspeisen und Gebäck.
- Ein Teelöffel gemahlener Zimt gilt unter anderem als »Geheim«-Gewürztip bei Hähnchen im Bierteig.

Zitronenmelisse

- Die frischen Blätter sind eine köstliche Bereicherung für Blattsalate, Kräutersoßen, Fisch- und Geflügelgerichte. Getrocknet hat die Zitronenmelisse viel an Aroma verloren.

Scharfe Gewürze

- Um Chillies oder Pfefferschoten zu enthäuten, spießen Sie sie auf die Gabelzinken und lassen über einer Gasflamme die Haut schwarz werden. Danach läßt sie sich leicht ablösen.
- Oder legen Sie die Chillies auf ein Backblech und rösten Sie sie im Backofen, bis die Haut aufplatzt und sich abziehen läßt.
- Von getrockneten Peperonis entfernt man den Stiel, schneidet sie der Länge nach auf, entfernt die Samen, schneidet sie klein und läßt sie 30 – 60 Min. in heißem Wasser ziehen. Mit kaltem Wasser abspülen und sie sind gebrauchsfertig.
- Frische Peperoni- oder Paprikaschoten halten sich für einige Tage knackig frisch, wenn sie in einer porösen, braunen Obsttüte im Gemüsefach des Kühlschranks gelagert werden. Nicht in Plastiktüten aufbewahren.
- Geben Sie Cayennepfeffer immer erst kurz vor dem Servieren zu Ihrem Gericht, denn Cayennepfeffer wird leicht bitter, wenn er erhitzt wird.

Salz

- Kommt zuviel Salz aus dem Streuer heraus, helfen Sie sich mit etwas farblosem Nagellack! Deckel gründlich waschen und trocknen und einige Löcher von der Rückseite zustreichen.
- Um Salz im Streuer »rieselfähig« zu halten füge man 5 bis 10 Reiskörner dazu.

- Da für sehr viele Gerichte sowohl Salz als auch Pfeffer gebraucht werden, könnte man sich ein Gemisch daraus immer parat halten. Im gut schließenden Schraubglas mischt man 3/4 Salz mit 1/4 Pfeffer zum fertigen Gebrauch.

Wann salzt man richtig?
- Bei Suppen und Eintopf: Gleich zu Beginn salzen.
- Bei kurzgebratenem Fleisch: erst ganz zum Schluß salzen.
- Bei Braten und Geflügel im Backofen: vor Beginn mit Salz einreiben.
- Bei Gemüse: im gesalzenen Wasser kochen.

Zwiebelsalz
- Machen Sie sich doch Ihr Zwiebelsalz selber! Schneiden Sie die Zwiebel oben ab, streuen auf den austretenden Saft Salz und kratzen es mit einem rostfreien Messer ab. Diesen Vorgang können Sie solange wiederholen, bis die Zwiebel trocken und Ihr Bedarf an Zwiebelsalz gedeckt ist.

Für die schönsten Tage des Jahres

*Die besten Küchentips
zur guten Unterhaltung und
für festliche Anlässe*

Zur guten Unterhaltung

Süßer Duft für Gäste

- Bevor Ihre Gäste eintreffen, lassen Sie in einem Topf Zimt und Zucker langsam auf dem Herd warm werden. Der verströmende »Backgeruch« wird alle anderen Kochdünste übertönen und bei Ihren Gästen ein angenehmes Empfinden hervorrufen.

Der Kerzentip

- Kerzen können Sie tropffrei bekommen, indem Sie sie in Salzwasser legen. Zwei Teelöffel Salz pro Kerze und soviel Wasser, daß die Kerzen gut bedeckt sind.
- Kerzen brennen länger und tropfen weniger, wenn Sie sie vor Gebrauch mehrere Stunden in den Kühlschrank gelegt haben.

Natürlich, natürliche Gefäße!

- Große grüne Paprikaschoten eignen sich gut als Behälter für Dips (fein abgeschmeckter, weicher Sahnequark) oder für Salate. Das obere Ende mit Stiel wird abgeschnitten, die Schote von Samen und Rippen befreit und fertig ist sie zum Füllen.
- Halbierte, ausgehöhlte Melonen halten Obstsalate länger kühl und frisch als normale Schüsseln.
- Orangenschalen-Becher sind gut geeignet als Portionsschälchen für eine pikante Nachspeise.
- Gefüllte Tomaten oder Eier gehören ebenfalls in die Reihe der natürlichen Gefäße und erfreuen als kleine Happen immer wieder die Gäste.

Im Eis serviert

- Füllen Sie eine große Schüssel mit zerkleinerten Eisstückchen und stellen Sie Ihre Schüssel mit Obstsalat o.ä. hinein. Wenn Sie dem Eis noch etwas Salz zufügen, wird es noch kälter.

- Oder geben Sie etwas Trockeneis unter das normale Eis.
- Salate, Dips oder auch Bowlen, die wirklich gut gekühlt serviert werden sollen, halten sich auch lange in einer »vorgefrorenen« Schüssel kühl. In eine größere Schüssel füllt man Wasser, stellt die Servierschüssel – beschwert! – hinein und friert das Ganze ein. Die so behandelten Schüsseln werden den Inhalt über lange Zeit kühl halten.
- Ihr Eisbehälter ist so gut isoliert, daß er sowohl kalte als auch heiße Speisen so bewahrt, wie sie gewünscht werden. Benutzen Sie ihn! Bei kalt zu haltenden Speisen fülle man ihn einige Zeit vorher mit Eis. Will man Heißes darin aufbewahren, gieße man ihn vorher mit heißem Wasser voll.
- Haben Sie nicht genügend Platz in Ihrem Kühlschrank, um alle Getränke für Ihre Party kalt zu stellen, dann benützen Sie doch Ihre Badewanne. Eisstücke hineinlegen und fertig ist der Riesenkühlschrank.
- Zum attraktiveren Servieren von Drinks friere man rote oder grüne Maraschino-Kirschen in die Eiswürfel ein. Natürlich kann man auch Perlzwiebeln, grüne Oliven, Pfefferminzblätter oder anderen Schmuck mit einfrieren.

Sauber serviert
- Schüsseln und Gläser rutschen nicht auf dem Tablett herum, wenn sie auf eine feuchte Serviette gestellt werden.
- Oder man überzieht glatte Silbertabletts »unsichtbar« mit einer Klarsichtfolie und die Gläser rutschen nicht.

Flambieren macht Spaß

- Flambieren ist gar nicht so kompliziert, wie es scheint. Also haben Sie Mut und probieren Sie es einmal.
- Zum Flambieren können Sie alle Spirituosen nehmen, die mehr als 38% Alkoholgehalt haben. Neben Cognac, Rum oder Arrak, eignen sich auch alle Obstwässer und hochprozentige Liköre. Sehr oft mischt man das eine mit dem anderen wegen des abgerundeteren Geschmacks. Und so wird's gemacht: Behalten Sie einen Eßlöffel des Alkohols zurück und übergießen die Speise mit dem erwärmten Getränk. Dann erwärmen und entzünden Sie den zurückbehaltenen Eßlöffel Alkohol und gießen ihn ebenfalls über die Speise, die dann in züngelnden, bläulichen Flammen serviert wird.
- Hochprozentiger Alkohol darf nie direkt aus der Flasche auf die Gerichte gegossen werden. Die benötigte Menge immer von einem Schöpflöffel aus übergießen. Explosionsgefahr bitte immer berücksichtigen.
- Wenn die Speise in der Flambierpfanne sich nicht entzünden will, noch einmal einen Löffel voll des verwendeten Alkohols entzünden und darübergießen.
- Gerichte, die Sie flambieren wollen, müssen vorher immer fertig zubereitet sein. Denn Flambieren ist ja nur noch das berühmte Tüpfelchen auf dem »i« und ein köstlicher Augenschmaus.
- Zu Früchten und Crêpes sind Rum und alle aromatischen Fruchtliköre geeignet.
- Zu Fisch, Schalentieren und Steaks eignet sich Cognac, Gin, Whisky oder Wodka.

Fondue

- Käsefondue schmeckt besser, wenn die Schüssel vorher mit einer Knoblauchzehe ausgerieben wurde.

- Oder Sie rösten die kleingehackte Knoblauchzehe in Butter an und verwenden sie ganz.
- Nehmen Sie je zur Hälfte geriebenen und kleingeschnittenen Käse. Bei nur geriebenem Käse klumpt die Masse leicht.
- Durch feingehackte Kräuter, gedünstete Pilze, geröstete Zwiebeln oder Tomatenmark können Sie Ihr Fondue beliebig variieren.
- Fleischfondue wird besonders zart und schmackhaft, wenn Sie das Fleisch über Nacht in ein mit Cognac getränktes Tuch wickeln.
- Würzen Sie Ihre Fleischstückchen immer erst nach dem Braten.
- Versuchen Sie doch einmal die wesentlich besser verträglichere Bouillon-Fondue. Die Fleischstückchen werden in einer gut gewürzten, mit einem Gläschen Sherry abgeschmeckten, Fleischbrühe gegart.
- Die heiße Brühe zum Abschluß des Abends getrunken, ist eine besondere Delikatesse.

Wenn die Party gelaufen ist
- Rotweinflecken auf Teppichen oder Polstermöbeln rückt man erfolgreich mit Rasierschaum aus der Spraydose zu Leibe.
- Wenn Sie keinen haben, bedecken Sie den frischen Fleck reichlich mit Salz oder Backpulver, lassen es drauf, bis er vollständig aufgesogen ist und saugen die Reste mit dem Staubsauger auf.
- Oder reiben Sie mit Selterswasser den Flecken weg.
- Wasserringe entfernt man von polierten Möbeln mit einem feuchten, weichen Tuch und etwas Zahnpasta; danach wie üblich polieren. Reiben Sie aber immer in Faserrichtung des Holzes.

- Wachstropfen kratzt man weitestgehend, vorsichtig mit einem Messer ab und bügelt den Rest mit übergelegtem Papierküchentuch, Toiletten- oder Löschpapier mit dem Bügeleisen heraus (Temperatur »Seide« oder »Mittel«).
- Brandlöcher im Teppich kann man mit einigen Fusseln, die man entweder mit einer Pinzette herauszupft oder abrasiert, zu einem Bällchen drehen und mit einem Kleber in das Loch drücken. Mit einem sauberen Papierküchentuch abdecken und mit einem schweren Buch beschweren. Das bewirkt ein sehr langsames Trocknen und man wird die Flickstelle danach kaum noch bemerken.
- Verqualmte Räume bekommt man bald wieder rein, wenn man ein feuchtes Handtuch über sich wie einen Ventilator durch die Luft wirbelt. Fenster öffnen nicht vergessen!

Für festliche Anlässe

Eier färben
- Färben Sie die Eier an Ostern doch mit natürlichen Farbstoffen: Kochen Sie die Eier mit Gras grün, mit Zwiebelschalen oder Tee gelb bis ocker und mit roten Beeten rot.
- Wunderschönen Glanz erhalten die gefärbten Eier, wenn Sie sie zuletzt mit einer Speckschwarte abreiben.

Dekorative Butter fürs Fest
- Sie bekommen lustige Butterlöckchen, wenn Sie das gut gekühlte Butterstück der Länge nach mit einem Teelöffel abkratzen.
- Sehr individuell geformte Butterstückchen können Sie

aus weichgerührter Butter herstellen, die Sie in einen Spritzbeutel füllen und Formen und Figuren auf ein Backblech oder den Boden einer Springform spritzen und im Kühlschrank erhärten lassen.

Aus alt mach neu

- Altbackene Kuchen werden wieder fruchtig und weich, wenn man sie umdreht, einige Löcher mit einer langen Nadel (z.B. Stricknadel) hineinsticht und mit gefrorenen Obstsaftstückchen belegt. Das langsame Schmelzen bewirkt ein vollständiges Eindringen. Danach umdrehen und servieren. Von der »Nachhilfe« merkt man nichts mehr.
- Napfkuchen bleibt lange frisch, wenn man ihn in ein feuchtes Tuch wickelt und kühl aufbewahrt. Einen besonderen Effekt bewirkt ein in Wein getränktes Tuch.

Speisen warm halten

- Kartoffeln (als Kartoffelbrei, Salz- oder Pellkartoffeln) hält man warm durch eine darübergelegte Baumwoll- oder Leinenserviette und setzt den Deckel darüber.
- Eintöpfe, Gulasch oder Suppen hält man sogar am Kochen, wenn sie auf ein einfaches Stövchen mit Teelicht gestellt werden.
- Reis – egal ob Langkorn oder Rundkorn – braucht man nur 8 – 10 Minuten sprudelnd kochen lassen, wikkelt dann den Topf dick in Zeitungspapier ein und stellt ihn zum Ausgaren (und Warmhalten für Stunden) ins Bett!

Schnelle Geschenkideen

- Eine dekorativ bedruckte Papiertischdecke eignet sich gut für sehr große Geschenke zum Einwickeln und ist meistens billiger als viele einzelne Bogen.

- Packpapierbogen lassen sich hervorragend mit Filzstiften bemalen und individuell in Geschenkpapier verwandeln. Lassen Sie Ihrer Phantasie – oder der Ihrer Kinder! – freien Lauf.
- Mit Ihren ganz besonderen Koch- oder Backkünsten sind ebenfalls gute Geschenke zu machen. Wie wär's mit selbstgemachten Marmeladen, eingelegten Gurken, speziell pikanten Soßen oder Kleingebäck – um nur einiges zu nennen. In ein hübsches Gefäß gefüllt oder ein lustiges Geschirrtuch gebunden, erfreut so ein Geschenk diejenigen besonders, die sowieso schon »alles« haben.
- Ein gutes Kochbuch mit persönlicher Widmung – oder wie wäre es mit diesem Buch? – ist auch eine Geschenkidee.

Frische Bowle
- Setzen Sie die Bowle rechtzeitig an, damit sie gut durchziehen kann. Sekt oder Selterswasser erst zum Schluß dazugießen!
- Frieren Sie etwas Bowle im Eiswürfelbehälter ein und nehmen diese dann zum Kühlen der Bowle, so daß sie nicht verwässert wird.
- Oder füllen Sie kleine Luftballons mit Wasser und frieren Sie sie ein. Der farbige Eisballon wird schwimmen. (Waschen Sie aber die Ballons vorher gründlich!)
- Stecken Sie Pfefferminzstangen durch Orangen- oder Zitronenscheiben und lassen Sie sie in Ihrem Festtagspunsch als hübsche Garnierung schwimmen.

Punsch und Glühwein
- Wein für Punsch oder Glühwein darf niemals kochen. Sobald sich weißer Schaum auf der Oberfläche bildet, das Getränk in große, feuerfeste Gläser gießen.

- Um zu vermeiden, daß das Glas springt, stellen Sie vor dem Einschenken einen silbernen Löffel in das Glas.
- Feuerzangenbowle mit guten Freunden zu brauen, ist ein besonderer Spaß. Verderben Sie sich die Freude aber nicht durch minderwertige Zugaben. Verwenden Sie nur guten Wein und echten Rum.

Wodka
- Wodka schmeckt gut gekühlt am besten. Bewahren Sie ihn stets im Kühlschrank auf.
- Für eine »Bloody Mary« gießt man Wodka über gefrorene Tomatensaft-Eiswürfel und würzt mit frisch gemahlenem Pfeffer.

Sekt (Champagner) und Wein

- Wenn sich der Plastikkorken aus einer Sektflasche nicht lösen will, umspannen Sie deren Hals mit der warmen Hand. Die so erwärmte Luft drückt den Korken sanft heraus.
- Ungenügend gekühlter Sekt läßt die Korken springen und das teure Naß ausschäumen.
- Auch Sektflaschen lassen sich wieder mit einem (Plastik-) Korken schließen und im Kühlschrank aufbewahren, ohne daß beträchtliche Geschmacksverluste entstehen.
- Das gleiche gilt bei Wein, den man vielleicht in Krüge abgefüllt hatte und einen Rest zurückbehält. In kleinere Flaschen füllen, so daß zwischen der Einfüllmenge und dem Korken noch etwas Luft gelassen ist.
- Edle Weißweine schmecken am besten, wenn sie Kellertemperatur haben. Zu kalt serviert, kann sich die feine Blume nicht entfalten.
- Rote Weine schmecken am besten, wenn sie Raumtemperatur haben. Aber bitteschön nicht neben die Heizung stellen.

Rumtopf

- Obst, Rum und Zucker sollen immer in der gleichen Menge in den Topf gegeben werden.
- Den Topf an kühler, dunkler Stelle lagern. Hin und wieder einmal umrühren und natürlich versuchen, ob der Inhalt noch gut ist.
- Wenn die Früchte aufgegessen sind, kann der Saft immer noch für Glühwein oder Punsch verwendet werden.

Ich liege wie auf Kohlen

*Die besten Tips
zum Grillen im Freien*

Grillfreuden

Der Umgang mit dem Feuer

- Zur Vorbereitung einer auswärtigen Grillparty kann man daheim die benötigten Portionen Holzkohle in feste Papiertüten füllen und braucht sie an Ort und Stelle dann nur noch anzuzünden ohne schmutzige Finger zu bekommen.
- Oder man füllt Eierschachteln mit Holzkohlestückchen, verschnürt sie fest und entzündet sie später so, wie sie sind.
- Wenn Sie Würstchen am Spieß grillen, durchbohren Sie zum Schutz der Hände eine alte Konservendose und stecken Sie sie so über das Spießende, daß Ihre Hand dahinter Schutz findet.
- Für andere Arbeiten am Feuer schützen angefeuchtete Arbeitshandschuhe vor Verbrennungen.

Schnelle Hilfe bei lodernden Flammen

- Ziehen Sie die Glut mit einem Schürhaken auseinander, und stellen Sie den Rost höher.
- Halten Sie immer ein Gefäß mit Wasser neben dem Grill bereit, und spritzen Sie bei Gefahr mit einem großen Löffel oder einer Kelle Wasser über die Flammen.
- Legen Sie Salatblätter auf die heiße Glut, wenn das tropfende Fett Feuer fängt und das Fleisch anfängt zu verbrennen.

Gute Tips zum Grillen

- Ölen Sie Ihre Steaks und den Rost vor dem Grillen immer gut ein. Das Fleisch wird dann nicht anhängen.
- Steaks, Koteletts o.ä. immer erst nach dem Grillen salzen. Ihre Hähnchen dürfen Sie dagegen schon vor dem Grillen mit Salz einreiben.

- Mageres Fleisch sollten Sie vor dem Grillen mit Speckscheiben umwickeln.
- Wann ist das Steak fertig? Wenn nach dem Wenden auf der Oberseite der Fleischsaft aus dem Steak perlt.
- Eine wichtige Faustregel für die Grillhitze: *Kleine Stücke* brauchen große Hitze und kurze Grilldauer. *Große Stücke* wollen dagegen geringe Hitze und längere Garzeit.
- Legen Sie Ihren Grillkorb mit Alufolie aus. Die Folie reflektiert die Hitze besonders gut, außerdem ist Ihr Grillgerät leichter zu reinigen.
- Wickeln Sie ungeschälte, gut gereinigte Kartoffeln in Alufolie und legen Sie sie an den Rand der Holzkohlenglut. Nach etwa 40 Minuten haben Sie eine köstliche Beilage zu Ihrem Grill-Steak.
- Nutzen Sie den besonderen Geschmack des Holzkohlengrills draußen im Freien aus und grillen noch einige zusätzliche Steaks darauf an. Frieren Sie dieses nur angebratene Fleisch ein. Später kann es dann fertig gegrillt werden, wird aber schmecken, als sei es draußen zubereitet.
- Eine besondere Geschmacksnote erreicht man bei gegrilltem Fleisch, wenn man in die Glut einige Wacholderbeeren, Lorbeer- oder Rosmarinblätter streut.
- Auch Fisch eignet sich hervorragend zum Grillen. Am besten schmecken sie fangfrisch. Aber auch Tiefgefrorene sind zu empfehlen, vorausgesetzt, Sie lassen die Fische vorher ganz auftauen.

Gute Tips zum Marinieren
- Fleischstücke, die zum Grillen vorgesehen sind, in einen flachen Plastikbehälter legen und mit der gewünschten Marinade (Soße, Kräuter oder Öl) bedecken, Luft herausdrücken und fest verschließen. So

kann das Fleisch zum Beispiel problemlos zum Pick-
nickplatz transportiert werden.
- Hähnchen werden rascher gar, wenn sie vor dem Grillen etwa 15 Minuten im Topf vorgekocht werden. Abtropfen lassen und dann etwa 30 Minuten in die Grill-
marinade einlegen. So bekommen Sie besonders zarte
Grillhähnchen.

Mais grillen

- Auf Ihrer Grill-Party im Freien können Sie auch Mais
grillen. Legen Sie die Kolben zunächst etwa eine Stunde ins Wasser. Danach herausnehmen, gut abtrocknen
und grillen. Alle 10 Minuten wenden. Die Garzeit be-
trägt insgesamt etwa 30 – 45 Minuten.
- Zum Bebuttern der heißen Maiskolben füllen Sie ein
großes, hohes Glasgefäß mit heißem Wasser und fügen ein Butterstück hinzu. Wenn die Butter geschmolzen ist, schwimmt sie oben auf dem Wasser und Sie
brauchen nur noch den heißen Kolben hineintauchen
und langsam wieder herauszuziehen! Der Maiskolben
ist überall mit Butter überzogen.

Strahlend saubere Grillgeräte

- Bevor Sie Töpfe oder Pfannen über offenes Feuer halten, reiben Sie die Böden doch kräftig mit Seife ein
oder sprühen Rasierschaum darauf. Nach dem Kochen ist das Säubern der schwarzen Unterseiten dann
kein Problem mehr.
- Den Grillrost reiben Sie mit Salatöl vor der Benutzung
ein und säubern ihn, sobald er einigermaßen abgekühlt ist. Je eher, desto leichter die Reinigung.
- Zerknüllte Alufolie eignet sich gut, den noch warmen
Grill bzw. den Grillrost zu säubern.

- Oder besprühen Sie den noch warmen Grill mit Fensterputzspray.
- Oder wickeln Sie den noch heißen Rost in nasses Zeitungspapier. Der entstehende Dampf reinigt ihn selbsttätig.

Picknick-Tips
- Tischtücher fürs Picknick kann man an den Ecken so zusammennähen oder mit Sicherheitsnadeln zusammenstecken, daß spitze Taschen entstehen, die man mit Steinen oder einem Schlüsselbund beschwert.
- Pappteller werden nicht weggeweht, wenn man Haftkleber (oder doppelseitiges Klebeband) auf die Unterseite der Teller klebt und dann fest auf die Tischplatte stellt.
- Salz- und Pfefferstreuer fürs Picknick: Füllen Sie das Gemisch aus beidem – oder auch getrennt, wenn Sie wollen – in Trinkhalme und drehen die beiden Enden zu.
- Wassermelonen hält man lange kühl, wenn man sie vorher einige Stunden in den Kühlschrank legt und dann kurz vor dem Aufbruch dick mit Zeitungspapier umwickelt, mitnimmt.

Ganz schön kalt hier

*Die besten Küchentips
zum Einfrieren*

Kalte Tatsachen

Was man vom Einfrieren wissen sollte

- Zu jedem Gefriergerät bekommen Sie eine ausführliche Gebrauchsanweisung. Beachten Sie immer genau den Umgang mit Ihrem Gerät und studieren Sie aufmerksam die Tabellen, die Ihnen sagen, was, wie und wie lange etwas eingefroren werden kann.

- Füllen Sie die einzufrierenden Speisen oder Flüssigkeiten nie ganz bis oben hin in die Behälter, sondern lassen Sie gut 1 cm Zwischenraum bis zum Deckel, denn durch das Gefrieren vergrößert sich das Volumen.

- Frieren Sie möglichst alles in Plastikbeutel oder -behälter ein und drücken sie soviel Luft wie möglich heraus. Stecken Sie einen Stroh- oder Trinkhalm in die Mitte des gebündelten Beutels und saugen Sie die Luft heraus. Dann schnell fest zubinden!

- Damit die einzelnen Teile (z.B. Erdbeeren oder Kirschen) beim Einfrieren nicht zu einem Klumpen gefrieren, kann man sie – lose verteilt – auf einem Backblech schockgefrieren, dann in Behälter füllen, luftdicht verschließen und wieder in die Gefriertruhe legen.

- Gemüse sollte vorm Einfrieren kurz blanchiert, d.h. vorgegart werden, weil es dann weniger an Struktur, Farbe und Geschmack verliert.

- Beschriften und datieren Sie das Eingefrorene, denn »ewig« soll es ja nicht in der Gefriertruhe bleiben; außerdem kann man nach einer Weile kaum noch Rosenkohl von grünen Stachelbeeren unterscheiden, wenn es nicht darauf vermerkt wäre.

- Man kann auch Kreppklebeband zum Kennzeichnen

und Beschriften nehmen (z.B. Tesakrepp o.ä.) und es auf die trockene Folie oder den Behälter kleben.

- Wenn Sie ganz schnell einen Aufkleber für einzufrierende Dinge brauchen und nichts Besseres zur Hand haben, nehmen Sie Heftpflaster, beschriften es und kleben es auf das Behältnis.

Was man alles einfrieren kann

Bananen

- Überreife Bananen kann man retten, indem man sie zu einem Brei zerdrückt, etwas Zitronensaft dazugibt und einfriert. Für Nachspeisen oder Speiseeis später bestens zu verwenden.
- Oder frieren Sie die geschälten Bananen im ganzen ein, bevor sie verderben, und machen daraus ein »Eis-am-Stiel«.
- Oder im ganzen einfrieren und später in der Pfanne in Butter ausbraten, mit Honig übergießen und als leckere Nachspeise servieren.

Blaubeeren (Heidelbeeren)

- Nicht waschen! So wie sie sind in Beutel oder Gefrierbehälter füllen. Sie werden ihr Aussehen, Aroma und ihre Form bewahren.

Brauner Zucker

- Brauner Zucker klumpt nicht, wenn er im Gefrierfach oder -schrank aufgehoben wird.

Brot

- Wer günstig größere Mengen frischen Brotes als Laib oder im Paket kaufen kann, friert die nicht sofort benötigte Menge ein. So haben Sie immer frisches Brot im Haus.

- Das gilt auch für Semmeln bzw. Brötchen.
- Altes Weißbrot in Würfel zerschneiden, in Butter bräunen, abkühlen und in Plastikbeuteln luftdicht einfrieren. Zur späteren Verwendung für Suppen oder Knödel gut zu gebrauchen.

Butter

- Butter kann über mehrere Monate gefroren aufbewahrt werden, wenn sie luftdicht verschlossen wird.
- Butterpapiere lassen sich bestens einfrieren. So hat man sie stets zum Einfetten von Backblechen oder Kuchenformen zur Hand.

Butterbrote für Schulkinder

- Sparen Sie sich Zeit und streichen Sie die Schulbrote doch immer für zwei Wochen im voraus! Sie lassen sich gut einfrieren.

Chips

- Chips werden nicht weich im Gefrierfach, wenn sie luftdicht verschlossen sind.

Crêpes

- Die abgekühlten Crêpes (hauchdünne Pfannkuchen) lassen sich im Stapel einfrieren, wenn zwischen jeden Pfannkuchen ein Pergamentpapier gelegt wird. In Alufolie einpacken und einfrieren.

Eier

- Eier aufschlagen und im Eiswürfelbehälter Ihres Kühlschrankes einfrieren. Den Eisbehälter vorher mit etwas Salatöl einstreichen. Nehmen Sie so viele Eier,

101

wie Fächer vorhanden sind. In einer Schüssel die Eier mit einem 3/4 Teelöffel Zucker und 1/4 Teelöffel Salz auf 6 Eier verschlagen, in den Behälter gießen, den Fächerrost einsetzen und schnellfrieren. Danach die Würfel in Plastikbeutel umfüllen. Jeder Würfel entspricht einem Ei.

- Eiweiß läßt sich bis zu einem Jahr einfrieren. 2 Teelöffel voll entsprechen 1 Eiweiß.
- Um dem späteren Gerinnen vorzubeugen, mische man dem einzufrierenden Eiweiß etwas Salz und Zukker unter.

Fisch
- Fisch kann man in abgeschnittenen Milchtüten einfrieren, indem man den Fisch bzw. das Fischstück vollständig mit Wasser bedeckt. Dadurch trocknet der Fisch nicht aus. Das abgetaute Fischwasser kann außerdem später als hervorragendes Gießwasser für Ihre Zimmerpflanzen verwendet werden.

Hamburger (Fleischpflanzl)
- Die gebratenen Fleischklöße einzeln schockgefrieren und gestapelt in Alufolie wickeln.

Ingwerwurzel
- Die Wurzel schälen und im ganzen einfrieren. Bei Bedarf die entsprechende Menge reiben.

Kaffee
- Kaffeebohnen und auch gemahlener Kaffee bleiben im Kühlschrank und Gefrierfach länger frisch.

Knoblauch, Paprikaschoten und Zwiebeln
- Kleinhacken und luftdicht in Plastikbehältern einfrie-

ren. Sie sind dann schon gebrauchsfertig zur Hand, wenn man sie für Suppen, Eintopf oder Soßen braucht.

Kräuter
- Küchenkräuter lassen sich gut einfrieren, wenn auch ihr Aussehen nach dem Auftauen etwas leidet – der Geschmack bleibt erhalten.

Oliven, Gewürzgurken, etc.
- Angebrochene Gefäße mit eingelegten Oliven, Gurken u.ä. lassen sich gefroren gut aufbewahren.

Milchbrötchen (für Hamburger)
- Brötchen gleich halbiert einfrieren, weil es später leichter ist, sie zu toasten oder für Hamburger aufzuwärmen.

Käse
- Käsesorten, die eingefroren werden können, sind Schmelzkäse, Schweizer, Holländer, Chester, griechische, französische und italienische Käsesorten. Auch Frischkäse oder Sahnequark lassen sich einfrieren.
- Parmesan oder andere harte Käsesorten lassen sich im gefrorenen Zustand leicht reiben.
- Will man einen weichen Käse reiben, sollte man ihn etwa 15 Minuten einfrieren! Danach geht es ganz leicht.

Kartoffelbrei
- Übriggebliebenen Kartoffelbrei in flache Klöße formen, in Mehl oder Semmelmehl wälzen, schockgefrieren, in Plastikbeutel füllen und in der Gefriertruhe aufbewahren. Bei Bedarf unaufgetaut ausbraten.

Kohl
- Kohlkopf waschen, mit einem Küchentuch gut abtrocknen und im Plastikbeutel einfrieren. Beim Auftauen sind die Blätter weich und lassen sich leicht vom Kopf lösen. Besonders zu empfehlen bei Kohlrouladen, weil Sie sich das Vorkochen und damit die lästigen Kochgerüche ersparen.

Rosinen, Dörrpflaumen und Datteln
- Getrocknete Früchte in halbverschlossenen Behältern einfrieren, dann behalten sie ihre Frische.

Sahne (Rahm)
- Schlagsahne im Originalbecher läßt sich gut einfrieren, wenn zwischen Inhalt und Deckel noch etwa 1 cm »Luft« ist.
- Sahne läßt sich gut schlagen, wenn nach dem Auftauen noch einige Eisstückchen darin enthalten sind.
- Übriggebliebene, geschlagene Sahne läßt sich gut einfrieren, wenn Sie mit dem Spritzbeutel kleine Tupfer davon auf ein Backblech setzen, schockgefrieren und danach im Plastikbeutel einfrieren.

Schinkenspeck
- In Scheiben geschnittenen Schinken oder -speck legt man sauber nebeneinander auf eine Folie oder Butterbrotpapier und rollt sie der Länge nach ein. Die Rolle in einem Plastikbeutel einfrieren. Der Schinken läßt sich verwenden sobald die Rolle so weit aufgetaut ist, daß sie sich entrollen läßt.

Sauerkraut
- Eingelegtes Sauerkraut läßt sich gut im eigenen Saft einfrieren.

Zitronen- und Orangenschalen
- Einfrieren. Bei Bedarf unaufgetaut reiben.

Das Auftauen
- Um Fleisch schnell aufzutauen, legen Sie es mit seiner Verpackung in eine wassergefüllte Schüssel, dem etwas Salz beigegeben wurde. Schüssel zudecken und eine Stunde stehen lassen.
- Bestreuen Sie gefrorenes Hackfleisch mit der Menge Salz, die Sie sowieso zum Zubereiten verwenden wollen. Salz beschleunigt den Tauprozeß.
- Oder legen Sie das aufzutauende Stück einfach in den Geschirrspüler und stellen auf »Trocknen« ein.

Pannenhilfe für die Gefriertruhe
- Wenn Sie checken wollen, ob Ihr Kühlschrank oder die Gefriertruhe während Ihres Urlaubs auch ordnungsmäßig gelaufen ist, legen Sie einen Beutel mit Eiswürfeln ins Gefrierfach bzw. obenauf. Finden Sie die Würfel nach Ihrer Rückkehr deformiert vor, dann wissen Sie, daß nun einige Probleme zu lösen sind.

Das soll alles in den Kühlschrank?
- Plastikfolie (Klarsichtfolie) klebt nicht aneinander, wenn sie im Kühlschrank aufbewahrt wird.
- Batterien und Filme – gut eingewickelt – bleiben im Kühlschrank länger haltbar.
- Falls noch genügend Platz im Kühlschrank ist, können Sie auch Ihre eingefeuchtete Bügelwäsche dort aufbewahren. Sie wird nicht muffig werden bis zum Bügeln.
- Heftpflaster läßt sich gut im Kühlschrank aufbewahren, weil es sich dann leichter abziehen läßt.

Viertes Programm

Die besten Küchentips
für Kinder

Alle meine Kinder

Flaschenprobleme

- Falls Sie keinen Flaschenwärmer besitzen, benutzen Sie doch Ihren elektrischen Wassertopf als Flaschenwärmer für die morgendliche Mahlzeit. Nur wenig Wasser einfüllen, und das Fläschchen hineinstellen.
- Oder füllen Sie die fertige, heiße Mahlzeit am Abend vorher in eine Thermosflasche. Wenn Sie den Inhalt am nächsten Morgen in das Fläschchen umgießen, hat das Babyfrühstück die richtige Temperatur.
- Auf Reisen empfiehlt es sich, die nötige Trockenmilchmenge schon gleich in die Flaschen zu füllen, das abgekochte heiße Wasser aber getrennt in der Thermosflasche mitzunehmen. So ist das Fläschchen schnell bereitet.

Hilfe beim Zahnen

- Schälen, teilen und entkernen Sie eine Apfelsine und frieren Sie die einzelnen Stückchen ein. Die Kälte wird Ihr Baby beruhigen, weil der Zahnschmerz gelindert wird, und der vitaminreiche Orangensaft ist obendrein gesund.
- Wenn Ihr Baby Zähne bekommt, geben Sie ihm ein Stück harten Brotes oder eine Brotrinde. Es wird gern darauf kauen.

In den Griff bekommen

- Falls Sie Schwierigkeiten haben sollten, den Deckel vom Glas mit der Babynahrung herunterzubekommen, stellen Sie es kurz unter fließendes, heißes Wasser.
- Oder stechen Sie ein Loch in den Deckel.

- Oder klopfen Sie fest mit der flachen Hand auf den Boden des Glases. Meistens läßt sich der Deckel dann öffnen.
- Becher lassen sich für kleine Kinderhände sicherer umfassen, wenn man einige Gummibänder herumgespannt hat.
- Ein Band aus Kreppklebeband hat den gleichen Effekt.

Kein Fallen mehr
- Befestigen Sie hinten am Babystuhl einige Haken. Daran können Sie alles parat halten, was Sie während der Mahlzeit fürs Baby brauchen: Lätzchen, einen feuchten Lappen, ein Handtuch u.ä.
- Wenn man verhindern will, daß das Baby mit seinem Hochstuhl umkippt, kann man auf der Rückseite einen Fensterhaken (Sturmhaken) anschrauben, der in einer Ringschraube in der Wand Halt findet und den Stuhl festhält.
- Damit Ihr Baby nicht vom Sitz herunterrutscht, legen Sie eine Gummimatte, wie man sie im Spülbecken verwendet, darauf.

Kindergeburtstag
- Eine lustige Idee: Schreiben Sie die Einladung auf bunte, aufgepumpte Luftballons mit Filzschreiber, lassen die Luft entweichen und verschicken Sie sie im Briefumschlag. So muß jedes Kind erst seinen Ballon aufblasen, um die Einladung lesen zu können.
- Wenn Sie glücklicher Besitzer von metallenen Eiskelchen oder -schalen sind, können Sie diese mit Rührkuchenteig zur Hälfte füllen und auf dem Backblech bei Mittelhitze etwa 20 Minuten backen. Nach dem Abkühlen mit Eiscreme verzieren.

- Als Kerzenhalter auf einem Geburtstagskuchen eignen sich weiche Marshmallows, die man in der Mitte durchbohrt. Sie kleben gut auf der Kuchenglasur. Herunterlaufendes Kerzenwachs wird von ihnen aufgefangen und verdirbt nicht den Kuchen.
- Zum Anzünden von Geburtstagskerzen (auf dem Kuchen) eignet sich eine rohe Spaghettinudel.

- Backen Sie auf dem Blech einen Honig- oder Rührkuchen, teilen ihn in handgroße Rechtecke, und lassen Sie die Kinder die Kuchenstücke selber mit verschieden gefärbtem Zuckerguß bestreichen und mit Liebesperlen, Streuseln, Rosinen oder Nüssen kunstvoll garnieren. Ein großes Vergnügen für Kinder.
- Eßbare bunte Ketten können Sie herstellen, wenn Sie geschälte Maronen, Eßkastanien oder Haselnüsse in verschiedene Näpfe mit Lebensmittelfarbe tauchen. Abtropfen und trocknen lassen. Jedes Kind kann sich nun seine Kette auffädeln.

- Wer keine Lebensmittelfarbe verwenden mag, kann auch Ketten aus weichen Nüssen (z.B. Pinienkernen), Rosinen, Orangeade, getrockneten Aprikosen oder Datteln von den Kindern herstellen lassen.
- Ein herrlicher Bastelteig (aber nicht zum Essen!) für Kinder wird aus 1 Tasse Salz, 2 Tassen Mehl und etwas Wasser zusammengeknetet. Er läßt sich frei formen, in Formen drücken oder ausrollen, um Figuren auszuschneiden. Im Ofen trocknen lassen und hinterher bemalen.
- Oder färben Sie den obigen Teig gleich mit unterschiedlichen Lebensmittelfarben ein.
- Diesen Teig können Sie wochenlang gebrauchsfertig im Kühlschrank aufbewahren, wenn er luftdicht verschlossen wird.

Butterbrote auf Vorrat
- Sie sparen sich viel Zeit, wenn Sie das Pausebrot für die Kinder (oder auch den Vater) gleich auf Vorrat (bis zu zwei Wochen) streichen, belegen und in Portionen in Alufolie einfrieren. So braucht es morgens nur herausgenommen und in die Brotschachtel gelegt werden. Bis zur Mittagspause ist es aufgetaut und schmeckt wie frisch gestrichen. (Siehe auch S. 101)

Rund um die Thermosflasche
- Regel Nr. 1 ist, daß eine Thermoskanne den Inhalt wesentlich länger heiß oder kalt hält, je gründlicher man vorwärmt bzw. -kühlt.
- Wenn man noch richtige Korken, anstelle der üblichen Plastikschraubverschlüsse für seine Thermosflasche benutzt und die Korken eingetrocknet sind, lege man sie kurz in kochendes Wasser. Danach werden sie wieder richtig schließen.

- Schützen Sie den Korken Ihrer Thermosflasche oder -kanne mit einem darumgelegten kleinen Stück Klarsichtfolie.

Alles kinderleicht gemacht
- Nehmen Sie ein klappbares Ställchen mit auf Ihren Ausflug oder die Reise, wenn Sie noch ein Krabbelkind haben. Sie können das Kleine beruhigt und sicher darin am Strand oder in der Wiese spielen lassen und sind entlastet.
- Ein kleiner Trick beim Füttern schlecht essender Kinder oder auch beim Waschen wasserscheuer Kinder ist eine altmodische Eieruhr. Während der Sand langsam hindurchläuft und von dem Kind beobachtet wird, ist die Prozedur des Fütterns oder Waschens schon überstanden.

Sicherheitstips für die Küche
- Drehen Sie die Griffe der Töpfe und Pfanne immer zum Herd hin und lassen Sie sie nie überstehen, wenn kleine Kinder in der Nähe sind.
- Schüsseln und andere zerbrechliche oder gefährliche Dinge möglichst in die Mitte des Tisches stellen, damit nichts Ihrem Kind auf den Kopf fallen kann.
- Wenn Sie die Zipfel des Tischtuches auf den Tisch legen, wird Ihr Kind nicht in Versuchung geführt, daran zu ziehen.
- Ihr Kleines lernt schnell den Heißwasserhahn vom Kaltwasserhahn zu unterscheiden, wenn Sie ihn mit einem roten Klebeband markieren.

Die hohe Schule
der Raumkosmetik

Die besten Tips
zur Küchenreinigung

Von Grund auf

Vorsicht
Zur Beachtung. Wenn Sie diese Tips befolgen, dann denken Sie immer daran: Ziehen Sie immer den Stekker heraus, bevor Sie elektrische Haushaltsgeräte reinigen. Spülen und trocknen Sie alle Geräte, Töpfe oder Pfannen nach der Reinigung und vor jeder weiteren Benützung gründlich ab.

Ehe Sie die folgenden Tips auf dem Fußboden, Teppich, Linoleum oder auf Stoffen usw. anwenden, testen Sie sie erst an einem kleinen Eck oder, wenn möglich, an einer nicht sichtbaren Stelle. Besondere Vorsicht sollte vor allem in einem Haushalt mit kleinen Kindern walten.

Der Küchenteppich

- Sofort verfügbare Fleckenentferner, die wohl jeder im Haus hat, sind: Mineralwasser, Glasreiniger oder Spiritus, Essig bzw. Essigessenz, vielleicht auch Rasierschaum und Zahnpasta.
- Frische Flecken mit Mineralwasser befeuchten, etwas einwirken lassen und mit einem sauberen Tuch oder Schwamm trockenreiben.
- Falls der Flecken nicht verschwunden ist, der Reihe nach die oben genannten Mittel probieren. Aber Achtung! Das gilt für »normale« Flecken. Fetthaltige Flecken müssen gleich mit Spiritus oder Benzin abgerieben werden.
- Für allgemein verschmutzte Teppiche: Mit warmer Waschmittellösung kreuz und quer einreiben oder mit einer weichen Bürste auftragen. Mit sauberen Baumwolltüchern trockenreiben. (Daran sieht man erst wie schmutzig der Teppich war.)

Keine Teppichfusseln mehr

- Füllen Sie eine Sprühflasche mit 1 Teil Wäscheweich und 5 Teilen Wasser, sprühen damit den Teppich leicht ein und lassen ihn trocknen. Absaugen, danach werden keine Fusseln oder Haare Ihres Haustieres mehr an Ihren Kleidern haften.

Keine rutschenden Teppiche mehr in der Küche

- Wenn Sie keine beschichteten Teppiche oder Matten (z.B. aus Maisstroh oder Kokos) haben, legen oder kleben Sie zum besseren Haften am Boden breite Einmach-Gummiringe unter alle vier Ecken.

Das Linoleum

Blitzblanker Küchenboden

- Stellen Sie sich Ihren Fußbodenreiniger für Kunststoffböden und Linoleum selber her! Auf einen 10 l Eimer mit warmem Wasser mischen Sie 1 Tasse Bleichmittel, 1/2 Tasse Essigessenz und 1/2 Tasse Waschsoda. Ihr Boden wird glänzen! Aber nicht bei Korkböden anwenden!

- Wenn ein frisch gewischter Fußboden nach dem Trocknen einen grauen, stumpfen Film aufweist, dann geben Sie 1 Tasse Essigessenz auf einen Eimer frischen Wassers und wischen damit noch einmal darüber bis er glänzt.

- Schrubber und Aufwischtuch nach Gebrauch im kalten, sauberen Wasser auswaschen und zum Schluß in Wasser, dem Sie etwas Wäscheweich beigegeben haben, tauchen, auswringen und trocknen.

Nichtklebende Linoleumfliesen

- Die Fliesen lassen sich mit dem Haftkleber für künstliche Gebisse wieder befestigen, wenn man keinen extra Kleber zur Hand hat. Einige schwere Bücher darüberlegen und 24 Stunden trocknen lassen.

Selbstgemachtes Bodenwachs für Kunststoff- oder versiegelte Böden

- Auf einen Eimer mit warmem Wasser 1/2 Tasse Essig und 2 Eßlöffel Möbelpolitur mischen und mit dieser Lösung den Boden wischen.

- Oder geben Sie eine Verschlußkappe Babyöl zum Wasser mit Reinigungsmittel.

- Oder etwas Magermilch ins Putzwasser mischen.

Absatzspuren oder Malkreiden entfernen

- Die schwarzen Striemen und Malkreidespuren lassen sich mit etwas Zahnpasta auf einem feuchten Tuch sauber und schonend beseitigen. Besonders auch bei weißlackierten Türen zu empfehlen. Nachwischen und trockenreiben.

Verzwickte Winkel reinigen

- Unter den Kühlschrank oder unter die Heizung gelangen Sie leicht, wenn Sie an einen Meterstab (Zollstock) ein oder zwei alte Socken mit einem Gummiband befestigen!
- Oder befestigen Sie einen flachen Schwamm am Meterstab, um an die fraglichen Stellen heranzukommen.

Flottes Gleiten

- Kleben Sie kleine Teppichstückchen unter die Stuhlbeine. Sie vermeiden damit Kratzer und Geräusch.

Glasscherben

- Glasscherben kehrt man am besten mit einem Stück zerknüllter Zeitung, einem feuchten Papierküchentuch oder – ganz kleine Splitter – mit einer Scheibe Weißbrot auf.

Die Wände

Küchenwände reinigen

- Mischen Sie 1 Tasse Salmiakgeist mit 1/2 Tasse Essigessenz und 1/2 Tasse Waschsoda auf einen 10 l Eimer mit warmem Wasser, um die Küchenwände zu reinigen. Mit Schwamm oder weichem Tuch auftragen.

116

Von unten anfangen

- Fangen Sie unten an, die Wände abzuwaschen, denn wenn Sie oben beginnen, verursachen die herablaufenden Schmutztropfen Flecken und Streifen, die sehr mühsam abzuwaschen sind.

Geringe Verschmutzung

- Mit einem weichen, weißen Radiergummi kann man schnell leichtere Verschmutzungen oder Fingerspuren an Wänden beseitigen.
- Oder nehmen Sie eine Scheibe frisches Brot.

Fettflecken an der Wand

- Auf eine ausgediente saubere Puderquaste Talkumpuder streuen und über den Flecken reiben. Sofort wiederholen bis der Fleck beseitigt ist.
- Oder rühren Sie eine Paste aus Speisestärke mit Wasser an. Auftragen, einige Stunden einwirken lassen, dann abbürsten. Wiederholen, wenn es beim ersten Mal noch nicht geklappt hat.

Kleine Nagellöcher füllen

- Bei weißgestrichenen Wänden tut's ein Klecks weißer Zahnpasta.
- Oder eine Paste aus Stärkemehl, Salz und Wasser.
- Bei tapezierten Wänden nehmen Sie einfach Wachsmalkreiden in passender Farbe – oder mischen sich die Farbe kunstvoll zurecht –, lassen den Wachsstift über einer Kerzenflamme erweichen und drücken die Masse mit einer runden Messerspitze ins Nagelloch. Überschüssige Farbe mit einem Papierküchentuch vorsichtig entfernen.
- Löcher in dunklem Holz kann man entweder mit einem passenden Holzkitt oder mit oben beschriebe-

117

ner Paste aus Stärke, Salz und Wasser und einigen Körnern Instant-Kaffee zum Einfärben füllen. Hinterher mit einem feuchten Tuch nachreiben.
- An farbigen Wänden: Nehmen Sie eine der oben genannten Lösungen und geben etwas Lebensmittelfarbe dazu, bis der Farbton zur Wand paßt.

Ist eine Schraube locker?
- Wenn beispielsweise die Halterung der Papierküchenrolle aus der Wand gebrochen ist, tränken Sie einen kleinen Baumwoll-Lappen mit weißem Leim, stopfen das Loch damit zu. 24 Stunden trocknen lassen. Die Schraube läßt sich dann leicht wieder eindrehen.

Die Fenster

Blanke Küchenscheiben
- Verbessern Sie das kalte Fensterputzwasser mit einer halben Tasse Salmiakgeist und einer halben Tasse Essigessenz und die Scheiben werden blitzblank!
- Für schnelles Fensterputzen: Den Putzlappen mit Essig befeuchten statt mit Wasser und mit zerknüllter Zeitung nachreiben.
- Hartnäckige Flecken mit Grillreiniger besprühen, einige Minuten einwirken lassen und dann wie üblich putzen.
- Im harten Winter können Sie dem Putzwasser zu allen anderen Zutaten noch etwas Spiritus zusetzen. Es gefriert dann nicht.

Küchenvorhänge
- Stärken Sie Ihre Vorhänge, damit ersparen Sie sich das Bügeln.

Rund um die Küche

Die Schränke
- Kalter Tee eignet sich gut zum Reinigen für jedes Holz.
- Fleckig gewordenes Holz kann man mit Schuhcreme behandeln. Mit der passenden Farbe – oder auch mehreren Tönungen übereinander – solange die Flecken bearbeiten, bis sie verschwunden sind.

Alte Klebefolie oder Papier-Aufkleber entfernen
- Gehen Sie mit einem warmen Bügeleisen über das klebende Papier und es läßt sich leich abziehen.
- Benutzen Sie statt Klebefolie für Ihre Bordbretter Fußbodenfliesen. Sie sind leicht zu reinigen und halten ewig.

Die Arbeitsplatte
- Eine schonende Art, Saft-, Kaffee- oder Teeflecken von der Tischplatte zu beseitigen: Mit Natron bestreuen und befeuchten, dann 1/2 Stunde einwirken lassen und mit feuchtem Tuch oder Schwamm abwischen.

Der Herd
- Wenn etwas im Backofen überläuft, die Stelle gleich mit Salz bestreuen. Wenn der Herd abgekühlt ist, kann das Verbrannte abgebürstet und feucht nachgewischt werden.
- Oder bestreuen Sie den Boden des Backofens mit einem Spülmittel für die Spülmaschine (falls Sie keinen Grillreiniger haben) und bedecken es mit feuchten Papierküchentüchern. Einige Stunden einwirken lassen, dann mit klarem Wasser gründlich nachwaschen.

Angebrannte Bratpfannen und Töpfe

- Besprühen Sie die heiße Pfanne bzw. den Topf reichlich mit Spülmittel oder dem Mittel für die Spülmaschine und belegen Sie sie mit feuchten Papierküchentüchern. Eine Weile einwirken lassen, dann gründlich schrubben und nachspülen.
- Oder besprühen Sie Topf oder Pfanne mit Grillreiniger.

Der Kühlschrank

- Etwas Essig auf einen feuchten Lappen zum Auswischen gegeben, verhindert Schimmelbildung und schlechten Geruch im Kühlschrank.

Das Gefrierfach (-truhe, -schrank)

- Nach dem vollständigen Auftauen sprühen Sie das Innere mit Alkohol ein oder wischen Sie es mit Salatöl aus, damit das Abtauen beim nächsten Mal einfacher geht.
- Legen Sie ein Stück Alufolie oder Pergamentpapier unter den Eiswürfelbehälter, damit er nicht am Boden festfriert.

Holzbretter

- Nehmen Sie am besten Scheuersand zum gründlichen Reinigen von Holzbrettern.
- Stabile, glatte Holzbretter können Sie hin und wieder vom Schreiner abhobeln lassen. Sie sehen dann wieder wie neu aus.
- Teigschaber aus Kunststoff sind besser als Messer zum Abkratzen verschmutzter Holzbretter, weil sie die Holzoberfläche nicht verletzen können.

Das Spülbecken

Kalk- und Rostflecken

- Wenn Wasserflecken oder Kalkablagerungen zu einem Problem werden, dann reiben Sie das Becken mit einem mit Essig oder Spiritus befeuchteten Tuch aus.
- Spülmaschinenpulver auf einen feuchten Schwamm streuen und das Becken damit ausreiben. Funktioniert auch gut bei Rändern in der Badewanne.
- Rostflecken in Stahlspülbecken beseitigt man mit Feuerzeugbenzin.
- Kalk, der sich unten um den Wasserhahn angesetzt hat, kann mit darumgewickelten Papiertuchstreifen und darübergegossener Essigessenz eingeweicht (etwa 1 Stunde) und dann leicht abgewischt werden.
- Kalkentferner tut gleichen Dienst.

Chromteile blitzen

- Chromteile werden blitzblank, wenn Sie sie mit einem weichen, in Spiritus getränktem Tuch abreiben.
- Oder nehmen Sie Salmiakgeist mit heißem Wasser vermischt.
- Oder reiben Sie es mit einem trockenen Tuch und daraufgestreutem Natron ab, damit es blitzt.
- Auch Nagellackentferner eignet sich vorzüglich, Chrom blank zu polieren. Das gilt nicht nur für Chromteile in Küche und Bad, sondern auch für Verzierungen an Möbeln und Geräten, besonders aber am Herd.
- Verchromte Perlatoren sollten von Zeit zu Zeit abgeschraubt und über Nacht in Essig gelegt werden, damit sich kein Kalk ansetzen kann.

Abtropfgestell und -matte

- Legen Sie das Gestell und die Matte aus der Spüle über Nacht in eine Bleichmittellösung. Schmutz und Kalk werden sich lösen.
- Verhindern Sie neuen Kalkansatz, indem Sie das Gestell und auch die Gummimatte beispielsweise mit einem leichten Film Möbelpolitur überziehen. Außerdem läßt es sich leichter säubern.

Einfaches Geschirrspülen

- Sie sparen Geld und Zeit, wenn Sie das billigste Spülmittel verwenden und einige Spritzer Essigessenz dazugeben. Der Essig löst das Fett und macht das Geschirr sauber und glänzend.
- Wenn Sie kein flüssiges Spülmittel mehr haben, nehmen Sie Haarshampoo.
- Kleben Sie in die Nähe Ihrer Spüle einen großen Haken an die Wand, an den Sie Uhr und Schmuck aufhängen können, während Sie abspülen.

Stahlwoll-Kratzer ohne Rost

- Gebrauchte, seifenhaltige Stahlwolle ist schwierig aufzubewahren, weil sie so leicht rostet. Wickeln Sie sie darum in Alufolie und legen Sie das Päckchen ins Gefrierfach oder in die Gefriertruhe bis zum nächsten Gebrauch.

Schwamm und Tuch – jeden Tag frisch

- Verschmutzte Spülschwämme über Nacht in eine Waschmittellösung legen und am nächsten Morgen tüchtig ausspülen. So haben Sie immer frische Spültücher.
- Wenn Sie eine Geschirrspülmaschine haben, binden Sie den Schwamm oder das Spültuch am oberen Fach fest und lassen es im Spülprogramm mit durchlaufen.

122

Kochgeschirr und Küchengerät

Mixer
- Können Sie den Mixer nicht auseinandernehmen, dann füllen Sie ihn zur Hälfte mit heißem Wasser, geben einige Tropfen Spülmittel dazu und stellen ihn einige Sekunden an. Dann nachspülen und trocknen.
- Die beweglichen Teile müssen von Zeit zu Zeit geölt werden. Da die zu ölenden Stellen nicht mit Nahrungsmitteln in Berührung kommen, nehmen Sie Maschinen- bzw. Haushaltsöl, denn es verharzt nicht. Salatöl täte das.

Fleischwolf
- Vor dem Reinigen ein Stück Weißbrot oder eine rohe Kartoffel durchtreiben.

Kaffeemaschine
- Falls Sie keinen Entkalker zur Hand haben, lassen Sie starkes Essigwasser durchlaufen. Danach mehrmals frisches Wasser durchlaufen lassen.
- Oder füllen Sie den Filtertopf mit Wasser und lassen es mit 5 Eßlöffeln Salz 15 Minuten lang durchlaufen.

Topfschränke
- Den Boden im Topfschrank gründlich mit Wäschestärke einsprühen. Er bleibt dann länger sauber.

Töpfe und Pfannen
- Angebrannte Töpfe und Pfannen reichlich mit Waschpulver bestreuen, mit etwas Wasser aufkochen und einige Stunden einwirken lassen. Meistens kann man das Angebrannte dann im ganzen herausnehmen.

- Hartnäckige schwarze Flecken im Topf verschwinden, wenn Sie Spülmaschinenreiniger mit etwas Wasser darin aufkochen und danach gut nachspülen.
- Aluminiumtöpfe werden wieder blitzblank, wenn Sie Tomaten, Äpfel- oder Kartoffelschalen darin kochen.
- Ihre Bratpfanne ist immer parat und wird nie rosten, wenn Sie sie nach jedem Gebrauch mit Salz bestreuen und mit Küchenkrepp ausreiben.

Gußeisentöpfe

- Ein bißchen Essig und Salz aufkochen lassen und alles Angebrannte wird sich danach leicht abwaschen lassen.
- Die Außenflächen mit Grillreiniger reinigen. Einziehen lassen und mit Essigwasser abspülen.
- Zum völligen Austrocknen stellen Sie diese Töpfe nach dem Abtrocknen in den noch warmen Backofen, denn Feuchtigkeit ist der größte Feind des Gußeisens.
- Müssen Sie mehrere Gußeisentöpfe über- oder ineinanderstellen, dann legen Sie jeweils ein Papierküchentuch dazwischen.

Rostfreie Messer

- Fleckige Messerschneiden reinigen Sie mit etwas Spülmittel – bei hartnäckigen Flecken mit Scheuerpulver – und einem angefeuchteten Weinkorken.
- Rostfreies Edelstahl-Besteck bleibt strahlend blank, wenn man es mit Zitronenschale abreibt und dann normal spült.
- Oder mit Spiritus abreiben.

Wasserkessel

- Kesselstein löst sich über Nacht, wenn Sie den Wasserkessel abends halb und halb mit Essig und Wasser fül-

len, aufkochen und dann stehen lassen. Gründlich nachspülen.
- Oder füllen Sie den Kessel mit Wasser und frieren ihn einen halben Tag lang ein. Der Kalk löst sich durch die Kälte vom Metall und läßt sich leicht entfernen.

Toaster
- Toaster reibt man mit Mineralwasser oder etwas Salmiakgeist wieder blank.
- Angeklebte Plastikfolie entfernt man vom Toaster oder anderen elektrischen Geräten mit Feuerzeugbenzin oder Nagellackentferner.

Waffeleisen
- Zum Einfetten kann man auch eine neue Zahnbürste verwenden, wenn kein Fettpinsel zur Hand ist. Benutzen Sie die gleiche Bürste, um hinterher das Waffeleisen mit Seifenwasser zu reinigen.

Vom Umgang
mit Wertsachen

Messing putzen
- Kein Sidol zu Hause? Dann können Sie sich zum Messingputzen auch eine Putzpaste selber aus gleichen Teilen Salz und Mehl mit etwas Essig zusammenrühren. Eine dicke Schicht auftragen und trocknen lassen. Paste abwaschen und trockenpolieren.
- Oder nehmen Sie Zahnpasta!

Zartes Porzellan spülen
- Zum Auspolstern des Spülbeckens legen Sie ein altes Handtuch hinein.

- Um Tee-, Kaffee-, Zigarettenflecken oder Lippenstift zu entfernen, tupfen Sie etwas Salz auf einen feuchten Lappen und reiben die Stellen schonend sauber.
- Nehmen Sie zum Abwaschen ein mildes Spülmittel und fügen Sie 1/4 Tasse Essig zu. Sehr sorgfältig und gründlich nachspülen.

Kupfer putzen
- Füllen Sie eine Sprühflasche mit heißem Essig und 3 Eßlöffeln Salz. Sprühen Sie diese Mischung reichlich über die kupfernen Gegenstände. Lassen Sie die Flüssigkeit etwas einwirken und spülen dann gründlich nach. Gut trocken reiben.
- Oder versuchen Sie es mit Zitronensaft und Salz.

Glas spülen
- Stellen Sie nie Ihre feinen Gläser in die Spülmaschine – besonders keine mit Goldrand.
- Gläser mit dickem Boden immer seitlich ins warme Wasser gleiten lassen – nicht mit dem Boden zuerst, weil sie durch die plötzliche Erwärmung leicht brechen können.
- Kristallgläser werden schön blank, wenn sie in warmem Wasser mit etwas Essig als Zugabe gespült werden.
- Gläser sollten nur mit trockenen, fusselfreien Tüchern (am besten ist Leinen) abgetrocknet werden.

Glasprobleme
- Wenn sehr feine Kristallgläser Flecken bekommen oder sich durch einen Belag verfärben, füllen Sie sie mit Wasser und geben jeweils eine Zahnersatzreiniger-Tablette hinein. Solange stehen lassen, bis die Verfärbung oder die Flecken verschwunden sind.

- Vasen mit sehr schmalen Hälsen kann man reinigen, indem man das Innere anfeuchtet und Toilettenreiniger hineinschüttet. 10 Minuten einwirken lassen und die Flecken sind verschwunden.
- Etwas schonender geht es mit Spülmaschinenreiniger.
- Oder füllen Sie die besagte Vase mit heißem Wasser, geben 2 Teelöffel Essig und etwas Reis hinein und schütteln sie kräftig.
- Glaskaraffen kann man mit einer feingehackten, großen, rohen Kartoffel und warmem Wasser füllen und durch festes Schütteln reinigen.

Zinn polieren
- Um *altes Zinn* zu reinigen, nehmen Sie ein mildes Scheuerpulver, das Sie mit Olivenöl angefeuchtet haben. Bei sehr hartnäckigen Flecken kann man feinste Stahlwolle nehmen, die man in Petrolcum oder Wasser taucht und vorsichtig reibt. Mit Wasser und Seife nachspülen.
- Die *neuen Zinnsachen* sind fast alle oberflächenbehandelt und da genügt das normale Spülen.
- Eine selbstgemachte Reinigungspaste für beides – neu wie alt – wäre feine Holzkohlenasche, die mit etwas Wasser aufgetragen wird. Normal spülen und trocknen.
- Oder einfach mit Bier abreiben.

Silber putzen und aufbewahren
- Hier ist eine hervorragende und zeitsparende Methode, Silber zu putzen: Füllen Sie einen großflächigen Aluminiumtopf mit Wasser – falls Sie keinen haben, legen Sie einen anderen Topf mit Alufolie aus – und fügen 3 Eßlöffel Salz oder Soda hinzu. Fast bis zum Kochen erhitzen und das zu putzende Silber so in den

Topf legen, daß es das Aluminium berührt. Solange wirken lassen, bis es ganz blank ist.

- Diese Methode ist besonders für Gabeln so praktisch, weil sie so schwer zwischen den Zinken geputzt werden können.
- Spülen Sie das silberne Besteck so schnell wie möglich nach der Benutzung, besonders, wenn Sie stark gesalzene oder mit Essig gesäuerte Speisen, Oliven oder Eier damit gegessen haben.
- Bei silbernen Kerzenhaltern u.ä. empfiehlt sich eine Silberpolitur. Geben Sie noch einige Tropfen Salmiakgeist hinzu und Sie werden über den Erfolg staunen.
- Haben Sie nur einige wenige Stücke zu putzen, nehmen Sie einfachheitshalber Zahnpasta.

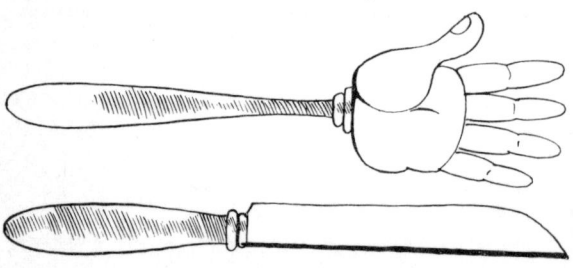

- Vergewissern Sie sich, daß das Silber vollkommen trocken ist, bevor Sie es wegstellen. Lassen Sie es noch einige Zeit nach dem Abwasch oder dem Putzen an der Luft liegen. Feuchtigkeit verursacht schwarze Korrosionsflecken.
- Schlagen Sie die Silberschublade mit weichem, ungebleichtem Flanell aus, den Sie in guten Stoffgeschäften besorgen können. Die Anschaffung lohnt sich!
- Oder kaufen Sie Silberputztücher und nähen sich daraus Taschen, um das Silber darin aufzubewahren.

- Legen Sie ein Stück Kreide in die Silberschublade, um die Feuchtigkeit zu binden und damit das Anlaufen zu verhindern.

Unangenehme Gerüche

Kühl- oder Gefrierschrankgerüche
- Grundsätzlich verhindert man natürlich die unliebsamen Gerüche, indem man den Kühlschrank regelmäßig säubert! Haben Sie dennoch Probleme, stellen Sie folgende »Geruchsverzehrer« in einer Schüssel in den Kühl- bzw. Gefrierschrank:
- entweder Holzkohle,
- alten, trockenen Kaffeesatz,
- Katzenstreu,
- Vanille (im ganzen oder in kleinen Stücken auf einem Baumwollappen),
- Natron,

Wenn alles nichts nützt
- Stellen Sie eine große flache Schüssel mit Katzenstreu oder Holzkohle in ein Bord des Kühlschrankes und lassen sie dort einige Tage stehen. Solange wiederholen, bis der Geruch verschwunden ist.
- Wischen Sie das Gefrierfach und das Innere des Kühlschrankes gründlich mit Essigwasser aus. Nehmen Sie ein Baumwolltuch, um auch in alle Ecken zu gelangen.
- Frischen Atem bekommt man, wenn man Petersilie kaut.

Unangenehmer Knoblauchgeruch
- Unangenehmer Knoblauch-Mundgeruch verschwindet fast ganz, wenn Sie nach einer herzhaften Knob-

lauchspeise ein Glas Milch trinken, Schokolade oder
eine Kaffeebohne essen.

Schlechte Gerüche mit guten übertönen

- Die Gerüche überlaufender Abfallkübel kann man
  mit einigen Tropfen Fichtennadelöl im Zaum halten.
- Auch der Staubsauger riecht nicht immer angenehm.
  Häufiges Entleeren und Reinigen ist natürlich das
  Wichtigste zur Geruchsbekämpfung. Riecht er trotz-
  dem, können Sie ein Baumwolltuch mit Zitronen-
  oder Fichtennadelöl tränken und in den Staubbeutel
  hängen, bevor Sie saugen.
- In Luftbefeuchter – das wissen Sie sicher schon – kann
  man auch ein paar Tropfen Kölnisch Wasser geben,
  um im ganzen Raum Wohlgerüche zu verbreiten.
- Und nach dem Reinigen Ihres Backofens, das oft auch
  mit unangenehmen Gerüchen verbunden ist, legen Sie
  einige Orangenschalen hinein und backen Sie sie bei
  Mittelhitze.

Der Mäusefänger
von Rattenberg

*Die besten Tips
gegen Schädlinge und Abfall*

Weg mit dem Ungeziefer

Abfalleimer ohne Gäste

- Erste Grundregel ist natürlich, den Mülleimer stets gründlich zu säubern. Hat man trozdem manchmal Ungeziefer oder Geruchsprobleme, legt man einige Mottenkugeln hinein und vertreibt damit beide Unannehmlichkeiten.
- Ein gutes Mittel gegen schnüffelnde Hunde und Ungeziefer ist Salmiakgeist, mit dem man den Mülleimer innen und außen abreibt oder besprüht.
- Man kann auch Chilipulver nehmen.

Kampf den Küchenschaben

- Borax vertreibt Küchenschaben. Zweimal im Jahr alle »heimlichen« Ecken damit bestreuen.
- Oder verrühren Sie 4 Eßlöffel Borax, 4 Eßlöffel Mehl und 1 Eßlöffel Coca-Cola miteinander, füllen Sie die Paste in flache Blechdeckel und stellen Sie sie überall dort hin, wo Schaben sein könnten.
- Oder füllen Sie eine große Schüssel mit billigem Wein und stellen Sie sie unter die Spüle. Die Schaben werden davon trinken und betrunken hineinfallen. Das soll kein Witz sein! Sie sollten es wegen seiner guten Wirkung mal ausprobieren!
- Oder stellen Sie eine Schüssel mit trockenem Zement neben eine Wasserschüssel an die gefährdeten Stellen und warten ab, was dann passieren wird.

Mäuse

- Mäuse können den Geruch von Pfefferminz nicht ausstehen. Nehmen Sie entweder frische Stiele oder tropfen Sie etwas Pfefferminzöl, das in der Apotheke zu

132

bekommen ist, auf ein Stück Pappe und legen es an die Stellen, wo Sie Mäuse vermuten.

- Etwas Schwefel oder die Köpfe von Streichhölzern mit Streichkäse vermischen und auslegen.
- Daß Speck oder Schmalz gute Lockmittel in Mäusefallen sind, weiß wohl jeder, daß aber auch Erdnußbutter oder Schokolade wirksam sind, mag ein neuer Tip sein.

Noch einiges gegen Schädlinge

- Einige Lorbeerblätter auf die gründlich gereinigten Borde in der Speisekammer oder in den Küchenschrank zusammen mit den Lebensmitteln gelegt, bewirken einen hervorragenden Schutz gegen alle möglichen Arten von Schädlingen. Die Blätter sollte man jedes Jahr erneuern.
- Oder streuen Sie Insektenpulver auf die Scheibe einer rohen Kartoffel und legen Sie sie dorthin, wo Sie Ungeziefer vermuten.
- Mehlwürmer hält man von allen Teigwaren fern, wenn man einige Streifen Kaugummi in die Nähe angebrochener Packungen legt.
- Und Würmer, die Ihre Küchenkräuter-Fensterbrett-Kulturen zerstören wollen, vertreiben Sie durch rohe Kartoffelscheiben, die oben in die Topferde gelegt werden.

Ameisenplage

- Um Ameisen vom Haus fernzuhalten, legen sie ganze Gewürznelken an mögliche »Eingänge«. Auch unter der Spüle und auf Küchenbrettern mit Lebensmitteln oder in Schränken sind sie wirksam.

- Ameisen können nicht über Kreidestriche krabbeln. Testen Sie diese Behauptung an einer Ameisenstraße und überzeugen Sie sich.
- Ameisen verscheucht man auch mit trockenem Kaffeesatz.
- Ein todsicheres Ameisengift ist auch folgende Mischung: 2 Teelöffel Borax und 1 Tasse Zucker in ein kleines Marmeladenglas füllen, Löcher in den Deckel stechen und rund um den Haussockel streuen.

Insekten in der Küche
- Wespen oder Schmeißfliegen sind unangenehme Gäste in der Küche. Besprühen Sie sie mit Haarspray und sie werden sich nicht mehr rühren. Bienen sollte man ins Freie verjagen!

Erste Hilfe bei Insektenstichen
- Mit Eiweiß bestreichen.
- Wenn Sie einen Rhabarberstiel greifbar haben, durchschneiden und auf den Stich reiben.
- Oder machen Sie einen Umschlag aus Stärkemehl oder Natron, das mit Essig, frischem Zitronensaft oder Hamamelismilch angerührt wurde.
- Zuerst den Stachel entfernen.
- Oder den Stich mit einem Zwiebelstück einreiben.

Pfiffiges ...

*Die besten allgemeinen
Küchentips*

Wie man sich helfen kann

Topflappen als Brillenetui

- Nähen Sie einen quadratischen Topflappen seitlich und unten zusammen und benutzen Sie ihn als Brillenetui beim Kochen. Mit dem Aufhänger ist er fast überall griffbereit zu halten.

Tüten als Trichter

- Eine spitze Tüte oder ein Briefumschlag, denen man die Spitze bzw. Ecke abgeschnitten hat, dienen vorzüglich als Trichter für trockene Substanzen wie Mehl, Zucker oder Salz, die man in enge Gefäße umfüllen möchte.
- Bei Flüssigkeiten nimmt man eine saubere Plastiktüte, unter Umständen auch einen Gummihandschuh, dem man die Fingerspitze gekappt und den man selbstverständlich auch vorher gründlich gesäubert hat.
- Eine gut gießende Soßenschüssel ist auch ein guter, brauchbarer Trichterersatz.
- Hat die Spülmittelflasche am Boden ein Loch, schneiden Sie sie in der Mitte durch und Sie können das Oberteil als Trichter für seifige Flüssigkeiten noch gut verwenden.

Teigschaber als Eiskratzer

- Teflonspachtel oder Plastik-Teigschaber sind hervorragende Eiskratzer für die Windschutzscheibe im Winter, ohne die Scheibe zu zerkratzen.

Dosenöffner als Austernmesser

- Den Dosenöffner mit dem Dorn am Gelenk zwischen die Schalen schieben und fest nach unten drücken.

Kühlschrankgitter für Kuchen

- Sie haben vielleicht sehr viele Kuchen, Brote oder Plätzchen gebacken und wissen nicht wohin zum Abkühlen? Nehmen Sie ein oder mehrere Borde aus dem Kühlschrank heraus und Sie haben die besten Küchengitter zur Verfügung.

- Wenn die Arbeitsfläche in der Küche nicht ausreicht, ziehen Sie einfach einige Schubladen so weit heraus, daß ein Backblech oder Tablett darauf Platz hat.

Flasche als Nudelholz

- Eine schlanke, möglichst zylindrische Flasche wird von Aufklebern befreit, mit kaltem Wasser gefüllt und gut geschlossen. Fertig ist die Kuchenrolle.

Handspanne oder Geldschein als Maßstab

- Wenn Sie einmal Ihre Handspanne (meine mißt 20 cm) gemessen haben, tragen Sie Ihren »Maßstab« stets bei sich und können ihn anwenden, wenn in Rezepten genau angegeben ist, wie groß etwas ausgerollt oder geschnitten werden soll.

- Einer Ihrer Finger wird vielleicht – bis zum Gelenk – 10 cm messen, so ist auch hier ein stets verfügbares Maß zur Hand.

- Ein 10-DM-Schein kann auch ein »Maßstab« sein. Er mißt in der Länge 13 und in der Höhe 6,5 cm.

Ein Sieb, ein Topf und fertig ist der Dämpfer

- Um Speisen zu dämpfen – oder aufzuwärmen – braucht man keinen extra Dampftopf. Nehmen Sie ein Sieb und suchen einen passenden höheren Topf, den Sie so mit Wasser füllen, daß es nicht das Sieb berührt. Die Speisen ins Sieb füllen, Deckel drauf und das Wasser zum Kochen bringen.

Ein Schneidebrett aus einer alten Zeitschrift

- Umwickeln Sie eine alte, dicke Zeitschrift fest mit starker Alufolie und fertig ist Ihr Brett. Man kann auch einige Pappdeckel oder Wellpappe übereinanderlegen und mit der Folie überziehen. Eignet sich auch als Untersetzer für heiße Töpfe.

Ein Mehlbestäuber

- Die Anschaffung einer neuen Puderquaste lohnt sich. Deponieren Sie sie in der Nähe Ihres Mehlbehälters und verwenden Sie die Quaste, wenn das Backbrett, das Nudelholz oder andere Dinge bemehlt werden sollen. Eine gute Hilfe.

Bis zum letzten
alles nutzen

Flaschenreste

- Um auch die letzten zähflüssigen Reste aus einer Flasche zu bekommen, gießen Sie etwas warmes Wasser hinein und schwenken Sie sie im verschlossenen Zustand kräftig um die eigene Längsachse, so daß der Inhalt rotiert. Dann schnell öffnen und möglichst senkrecht ausgießen.

Krümel sammeln

- Halten Sie stets ein verschließbares Glas bereit und sammeln Sie alle anfallenden Krümel darin. Als Semmelbrösel oder Vogelfutter zu verwenden.

Wein ist sauer geworden

- Verwenden Sie ihn anstelle von Essig, besonders bei Marinaden.

138

Bier ist schal geworden
- Dieses Bier ist immer noch hervorragend als Haarfestiger nach Großmutters Art zu gebrauchen.

Sprudelwasser ist abgestanden
- Verwenden Sie es zum Tee- oder Kaffeekochen, wenn das Leitungswasser sehr hart ist, d.h. kalkhaltig.
- Gießen Sie damit Ihre Zimmerpflanzen. Die darin enthaltenen Mineralien geben den Pflanzen Kraft und Farbe.

Milch mit Stich
- Milch, die schon leicht angesäuert ist, kann man oft noch mit einer Prise Backpulver retten. Dann aber sofort verbrauchen.

Eierschalen
- Die Schalen roher Eier im Backrohr trocknen und dann im Mörser pulverisieren. Guter Dünger für die Pflanzen.

Ausgedörrte Datteln, Feigen und Rosinen
- Im Sieb über Wasserbad dämpfen.
- Oder in ein Marmeladeglas füllen, mit Wasser bedecken und einige Zeit verschlossen in den Kühlschrank stellen.
- Oder im Backofen bei Mittelhitze einige Minuten lang erwärmen.

Kristallisierter Honig, Sirup und Gelee
- Den Behälter in heißes Wasser stellen und das weich gewordene Gelee für Waffeln oder Pfannkuchen verwenden.

Milchkartons
- Die Milchbehälter sind ein gutes Anmachholz für ein offenes Feuer.

Eierschachteln

- Sie eignen sich bestens zum Basteln mit Kindern.
- In ihnen läßt sich Schmuck gut aufbewahren, weil der ungebleichte Karton das Metall nicht anlaufen läßt.
- Wenn man sonst nichts mit ihnen anfangen kann, sind sie immer noch gut zum Anheizen zu gebrauchen.

Papprollen von den Papierküchentüchern

- Verlängerungsschnüre lassen sich sauber weghängen, wenn man sie lose aufwickelt und durch die Papprolle zieht.

Im Falle einer Energiekrise

- Wenn der Strom ausfällt und Sie keine Kerzen im Haus haben, drehen Sie ein Papierküchentuch zusammen, befeuchten es mit Speiseöl und lassen es angezündet in einer Schüssel mit Wasser schwimmen. Eine archaische Beleuchtung.
- Die Zündflamme Ihres gasgeheizten Backofens ist zum Dörren gut geeignet. Legen Sie die geschnittenen Früchte oder Gemüse (Äpfel, Zwetschgen, Sellerie, Zwiebeln etc.), die getrocknet werden sollen, auf einen Rost und lassen sie 24 Stunden im Ofen. Die Trockenfrüchte in festverschließbaren Gläsern aufbewahren. Getrocknete Zwiebeln oder Knoblauch lassen sich im Mörser oder Mixer pulvrisieren.
- Kleine Speisereste, die in Alufolie gewickelt sind, lassen sich energiesparend erwärmen, indem man sie nebeneinander in einer großen Bratpfanne, die mit etwas Wasser gefüllt ist, erhitzt. Deckel drauf! Auf diese Weise braucht man nur eine Flamme bzw. Herdplatte und hat auch nur ein Teil zum Spülen.

Was man alles mit einer Tüte anfangen kann

Salzen und entfetten
- Füllen Sie frische Pommes frites in eine Papiertüte, schütten etwas Salz darüber, schütteln ein paarmal, und das Salz ist gleichmäßig verteilt, während gleichzeitig das überschüssige Fett von der Tüte aufgesogen ist.

Frischhalten
- Pilze, Kopfsalat, Sellerie und viele andere Gemüse bleiben in einer Papiertüte im Kühlschrank frisch, weil sie darin atmen können.

Was man alles mit einem alten Perlonstrumpf anfangen kann

Filtern
- Ein sauberer, ausgedienter Damenstrumpf ist ein guter Filter, den man anstelle von Mulltüchern für alle möglichen Dinge verwenden kann.
- Wenn Ihre Waschmaschine einen freien Ablauf hat und der Schlauch in die Spüle oder das Waschbecken entleert wird, binden Sie um das Schlauchende ein Stück vom Perlonstrumpf und befestigen ihn mit einem Gummiband. Sie werden staunen, wie viele Fusseln daran hängen bleiben und dadurch nicht Ihren Abfluß verstopfen.

Wiederfinden

- Wenn Sie Ihre Kontaktlinse im hochflorigen Teppich verloren haben, binden Sie einen Strumpf mit Gummiband vor das Saugrohr Ihres Staubsaugers und »suchen« Sie damit die Linse.

Aufbewahren

- Zitronen, Zwiebeln und auch Kartoffeln lassen sich gut in alten Perlonstrümpfen aufbewahren. Hängen Sie sie in die Speisekammer oder sonstwo an einen kühlen, luftigen Ort.

Verschnüren

- Nehmen Sie alte Perlonstrümpfe zum Verschnüren alter Zeitungen, zum Zubinden von Müllsäcken oder Aufbinden von Zweigen und Pflanzen.

Einfärben

- Zwei verschiedenfarbige Perlonstrümpfe sind schnell eingefärbt, so daß sie zueinander passen. In heißem, schwarzem Tee so lange ziehen lassen, bis der Ton übereinstimmt. Je stärker der Tee um so dunkler das Ergebnis!

Was man mit Eiswürfeln alles anfangen kann

Im Haushalt

- Flachgedrückte Stellen im Teppich – verursacht durch schwere Möbel – bekommt man wiedere heraus, wenn man über Nacht auf die betreffende Stelle Eiswürfel legt. Am nächsten Morgen ist das Eis geschmolzen, und die Teppichhaare sind wieder aufgerichtet.

Schmerzen lindern

- Bei Verbrennungen sofort einen Eiswürfel auf die Stelle legen, dann entstehen keine so großen Brandblasen und der Schmerz ist gelindert.
- Legen Sie einen Eiswürfel auf die Stelle, aus der ein Splitter zu entfernen ist, dann tut es weniger weh.
- Machen Sie sich einen Eisbeutel – gegen schweres Kopfweh – indem Sie Eiswürfel in einen Plastikbeutel mit Zugverschluß füllen, mit einem Handtuch abdecken und mit einem Hammer die Würfel zerkleinern.

Glasklare Eiswürfel

- Kochen Sie das Wasser erst ab, kühlen und dann erst im Würfelbehälter einfrieren. Wußten Sie, daß gekochtes Wasser schneller und klarer gefriert, als frisches Leitungswasser? Es enthält weniger Sauerstoff.

Neues über die Eiswürfelherstellung

- Der Eiswürfelbehälter klebt nicht am Gefrierfach, wenn Sie einige Einmach-Gummiringe oder Pergamentpapier darunterlegen.
- Die Würfel sind leichter herauszulösen, wenn Sie den Behälter mitsamt dem einzusetzenden Gitter vorher einölen, einen Tag einziehen lassen und dann mit warmem Spülwasser reinigen.

Zum Kühlen

- Legen Sie einen Eiswürfel in die Suppe Ihres Kindes, um sie schneller abzukühlen. Lassen Sie das Kind die Suppe fleißig umrühren, und wenn der Würfel geschmolzen ist, kann es die Suppe essen, ohne sich die Zunge zu verbrennen.

Hilfe, ich laufe über …

Die besten Küchentips,
wenn etwas schiefgegangen ist

Zuviel davon

Wenn etwas versalzen ist

- Bei klaren Suppen, mehr Wasser hinein.
- Oder: Ein rohes Eiweiß in die Brühe quirlen. Das geronnene Eiweiß herausnehmen; denn es wird den größten Teil des Salzes aufgenommen haben.
- Bei gebundenen Suppen und Eintopf, rohe Kartoffeln hineinraspeln und aufkochen lassen.
- Viel frischgehackte Kräuter untermischen.
- Apfelessig und Zucker zu gleichen Teilen mischen und teelöffelweise ins Kochgut geben, bis das überschüssige Salz neutralisiert ist.
- Zu salzige Sardellen oder Matjes 15 Minuten in kaltem Wasser ziehen lassen, herausnehmen und abtrocknen.

Zu süß

- Frischen Zitronensaft oder Apfelessig in die Speisen rühren.

Zu viel Knoblauch

- Kleingezupfte Petersilienblätter in einem Tee-Ei in den Topf hängen und so lange mitkochen, bis das überschüssige Gewürz darin gebunden ist.

Verbranntes

Angebranntes in der Pfanne

- Die Pfanne sofort vom Herd nehmen und etwa 15 Minuten in kaltes Wasser stellen, um den Kochvorgang zu unterbinden. Vorsichtig mit einem Holzlöffel die unangebrannten Stücke herausnehmen und in eine andere Pfanne legen; eventuell mit frischem Fett oder Wasser fertiggaren. Möglichst keine angebrannten Stücke wieder verwenden.

Fleisch

- Bedecken Sie das Fleisch mit einem feuchtheißen Tuch, lassen es 5 Minuten darauf liegen und kratzen dann die verbrannte Kruste mit einem Messer herunter.

Milch

- Richtig angebrannte Milch ist kaum zu retten, denn sie schmeckt durch und durch angebrannt.
- Leicht angesetzte Milch nimmt man vom Herd, stellt den Topf ins kalte Wasser und tut 1 Prise (1/8 Teelöffel) Salz in die Milch, um den Geschmack zu binden.
- Man verhindert das Ansetzen der Milch mit einem Stück Zucker, das man, ohne umzurühren, beigibt.
- Das Anbrennen der Milch verhindern Sie, wenn Sie den Topf vor Gebrauch mit kaltem Wasser ausschwenken.

Kuchen

- Lassen Sie den angebrannten Kuchen erst abkühlen, bevor Sie ihn vorsichtig abkratzen. Dann überziehen Sie ihn zunächst mit einer sehr weichen Glasur, um die Krümel zu binden und dann mit einer zweiten, festeren Glasur, nachdem die erste getrocknet ist.

Kekse, Plätzchen

- Nehmen Sie zum Abkratzen eine feine Reibe, anstelle eines Messers, sonst haben Sie möglicherweise zum Schluß nur noch eine Handvoll Krümel übrig.

146

Reis
- Um den unangenehmen Geruch von angebranntem Reis zu binden, legen Sie obendrauf ein Stück frisches Weißbrot – vorzugsweise die Endstücke – und decken den Topf zu. Nach einigen Minuten ist der Geruch verschwunden.

Gebratenes
- Wenn Gebratenes, wie zum Beispiel Hackfleischklöße (Fleischpflanzl, Frikadellen), ansetzt, stellen Sie die Pfanne auf eine kalte Unterlage oder in kaltes Wasser, und Sie bekommen das Gebratene ganz aus der Pfanne, auch die braune Kruste bleibt erhalten.

Wenn etwas kleben bleibt

Aspik aus der Form bringen
- Befeuchten Sie ein Tuch mit heißem Wasser und legen es ausgewrungen kurz über die Aspikform. Umfassen Sie mit beiden Händen die Form, und mit einer kurzen Bewegung aus dem Handgelenk nach unten gleitet es glänzend aus der Form.

Spaghetti
- Zusammengeklebte Spaghetti oder Nudeln entweder über Wasserdampf oder mit Wasser noch einmal kurz erwärmen.

Teig am Nudelholz
- Wenn der Teig immer wieder am Holz kleben bleibt, obwohl Sie es gut eingemehlt haben, kühlen Sie Teig und Nudelholz vorher im Gefrierfach.

Kuchen und Plätzchen

- Wenn der abgekühlte Kuchen noch an der Form klebt und sich nicht herauslösen läßt, erwärmen Sie ihn noch einmal kurz im Backofen. Ist er immer noch nicht herauszubekommen, legen Sie ein feuchtes Tuch um die Form und lassen sie eine Weile stehen.

Wenn etwas gerinnt

Selbstgerührte Mayonnaise

- Rühren Sie ein frisches Eigelb in einer anderen Schüssel an, und geben Sie die geronnene Mayonnaise tropfenweise dazu.

Sauce Hollandaise

- Nehmen Sie die Soße vom Herd, und schlagen Sie tropfenweise 1 Teelöffel heißes Wasser darunter. Nicht wieder erhitzen. Warm servieren.
- Oder: Rühren Sie die Soße im Wasserbad mit 1 Teelöffel sauren Rahm so lange, bis sie glatt ist.

Vanillesoße mit Eigelb

- Wenn das Eigelb nur leicht in der Soße geronnen ist, füllen Sie sie in ein verschließbares Gefäß (Marmeladenglas o.ä.) und schütteln kräftig, bis die Soße glatt ist.
- Oder mit dem Schneebesen so lange schlagen, bis sie geglättet ist.

Den Nippel durch die Lasche ziehn ...

Die besten Küchentips
für die unmöglichsten Dinge

Was man mit Dingen
aus der Küche
alles machen kann

Brot

- Mit einer Scheibe Brot lassen sich Make-up-Flecken von dunkler Kleidung entfernen.

Chilisoße

- Katzen können den Geruch von Chilisoße nicht ausstehen. Wenn Sie nicht wollen, daß Ihre Katze an Ihren Holzmöbeln hinaufklettert und sie zerkratzt, reiben Sie die Möbel mit Chilisoße ein, und die Katze wird ihre Pfoten davon lassen.

Coca-Cola

- Bei Durchfall, auch bei noch kleinen Kindern, sehr wirksam. Geben Sie Cola und Salzstangen.
- Stark verschmutzte Wäsche bekommt man leicht wieder sauber, wenn zu der normalen Waschmittelmenge noch 1 l Cola in die Waschmaschine gegeben wird.
- Die Klemmen einer Batterie werden nicht mehr korrodieren, wenn Sie jede Klemme mit Cola imprägnieren.
- Von Cola weiß man, daß es Rost von Metall entfernt.
- Anstatt die abgestandenen Cola-Reste in den Ausguß zu schütten, gießen Sie sie ins WC-Becken und schauen zu, was dann passiert! Nachdem es ein bißchen gewirkt hat, wird das WC-Becken strahlend sauber sein.

150

Löffel

- Gerüche von Zwiebeln, Knoblauch oder Bleichmittel verschwinden von Ihrer Hand, wenn Sie alle 5 Finger auf einen Edelstahllöffel halten und kaltes Wasser darüberlaufen lassen.

Mehl

- Weiße Lederhandschuhe kann man mit weißem Mehl einreiben und dann einfach den Schmutz abbürsten.
- Kunststoffspielkarten zum Säubern in eine Papiertüte legen, mit einigen Eßlöffeln Mehl kräftig durchschütteln und sauberreiben.

Herd

- Haben Ihre Tennisbälle ihre Sprungkraft verloren? Wenn ja, legen Sie sie über Nacht unbedeckt auf das Backblech in den Backofen. Die Zündflamme Ihres Gasofens oder niedrigste Einstellung im Elektroherd bringt sie wieder in Form.

Salz

- Eine Handvoll Salz im letzten Spülwasser verhindert, daß die Wäsche an kalten Wintertagen an der Leine festfriert.

Schmalz

- Wenn alle Bemühungen, einen Fettfleck aus einem indanthren gefärbten Kleidungsstück zu entfernen, umsonst waren, und Sie glauben, nun nichts mehr verlieren zu können, reiben Sie den Fleck gleichmäßig mit Schmalz ein. Anschließend in heißem Seifenwasser waschen und gründlich spülen. Der Fleck sollte verschwunden sein.

Spaghetti

- Rohe Spaghetti eignen sich vorzüglich als Anzünder für Kerzen in hohen, schmalen Behältern (z.B. Windlicht).

Speiseöl

- Bevor Sie hohes, feuchtes Gras schneiden müssen, streichen oder sprühen Sie die Klingen Ihres Rasenmähers mit Salatöl ein. Das nasse Gras klebt dann nicht daran.

Tomatensaft

- Tomatensaft nimmt den Geruch von einer frischen Dauerwelle! Das trockene Haar gründlich mit Saft befeuchten, mit einer Plastiktüte oder -haube bedecken und etwa 15 Minuten einwirken lassen. Dann mehrere Male spülen, bevor Sie das Haar richtig waschen.

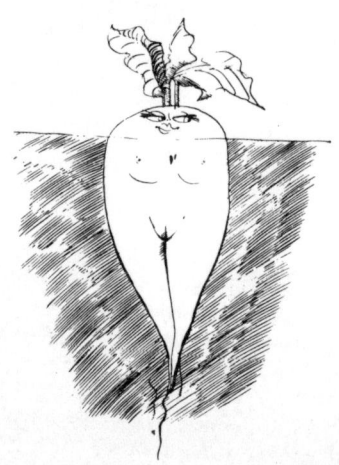

Alphabetisches Stichwortverzeichnis

153

154

157

Notizen

Notizen

In diesen Ratgebern
finden Sie die besten Tips und Tricks

Illustriert von Josef Blaumeiser

Delphin